具体的で実行可能！な

鴻上尚史のほがらか人生相談

息苦しい「世間」を
楽に生きる処方箋

鴻上尚史

朝日新聞出版

具体的で
実行可能！な

鴻上尚史の
ほがらか人生相談

息苦しい「世間」を楽に生きる処方箋

目次

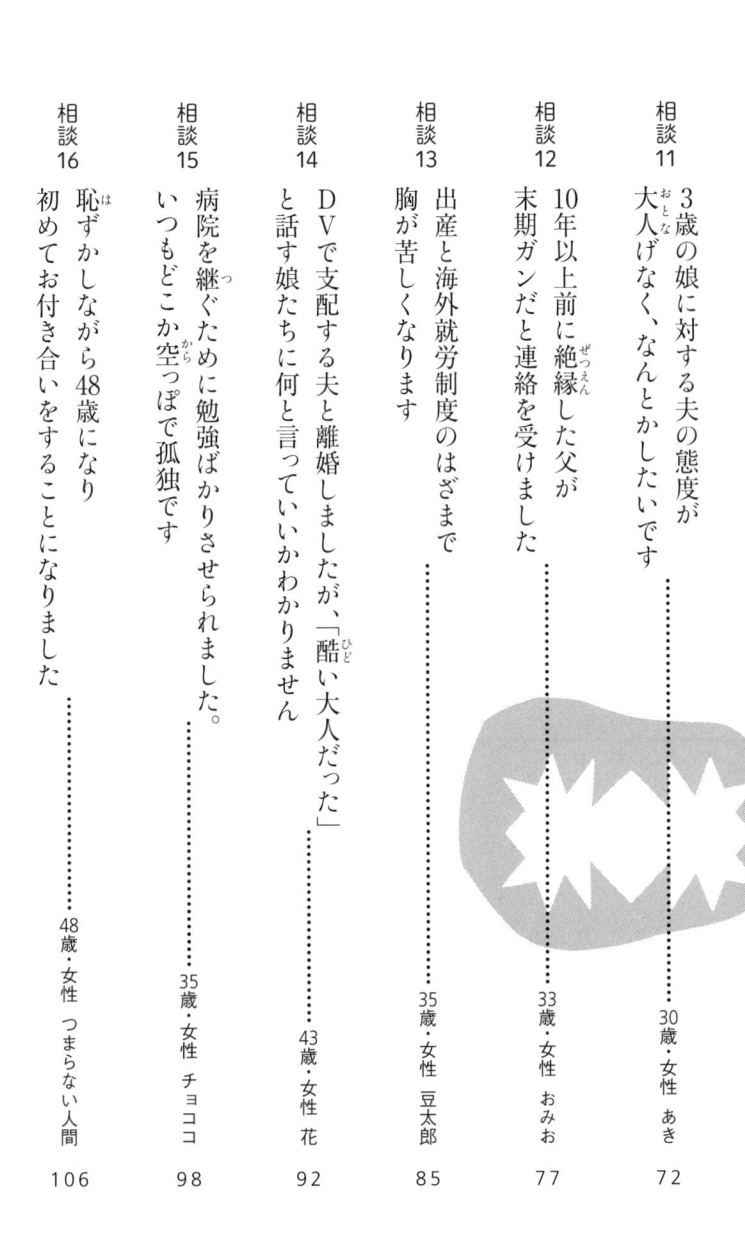

相談1

海外のエンタメ業界をこの目で見てみたく、テレビ制作会社を辞めて海外に行くべきか迷っています

24歳・女性　らぴす

私はテレビドラマのADとして働く24歳です。

学生の頃からテレビドラマが大好きで、人生で辛《つら》い時や悩んだ時に支えてくれたのはいつもテレビドラマでした。

そして、いつか自分もドラマを通して誰かの支えになりたい、それこそがドラマへの恩返しだと思い、多くの演出家やプロデューサーを輩出《はいしゅつ》している早稲田《わせだ》大学に入学し、大手のテレビ制作会社に入社して、今、ADをしています。まさに夢の世界で働いていると言っても過言《かごん》ではありません。

しかし、中に入ってみないとわからないことというものはたくさんあり、あまりの長時間労働や休日の少なさ、伝統的な理不尽《りふじん》なルール、膨大《ぼうだい》な量の仕事を短時間でこ

なすことを要求され、一つでもミスがあると全て責任を取らなければならないなど、ストレスもかなり多いです。

そんな時、中学生の時に舞台を見に行った鴻上さんの本を書店で手に取りました。そして、私が今戦っているのは、日本の歴史そのものなのだと認識しました。法外《ほうがい》な長時間労働も理不尽なルールも、誰も文句が言えない強い「世間《せけん》」に私は生きているのだと気付きました。そして、それを認識することで気持ちが軽くなりました。ありがとうございます。

そして、ここからが相談です。私は英語が好きで、オンライン英会話で毎週海外の方とお話ししています。その中で、海外のエンタメ業界は労働組合がしっかりしていたり、業界で経験を積んだ人が大学院に戻って映画や演出の勉強をし直すことがプラスに捉《とら》えられていたりと、海外の方が日本よりも自分の生きていきたい環境に近いのではないかと感じ始めました。

そして、海外のエンタメ業界をこの目で見てみたい、海外の大学院で学んだり、海外で働いてみたいという気持ちが大きくなってきました。

でも、私が好きなのはやはり日本のテレビドラマだとも思います。海外ドラマも好きですが、私の人生を支えてくれたのは、やはり日本のドラマです。
私はこのまま日本で子供の頃からの夢を追い続けるべきでしょうか？
それとも今の気持ちに従《したが》って海外に出るべきでしょうか？
鴻上さんのご意見をお伺《うかが》いしたいです。よろしくお願い致します。

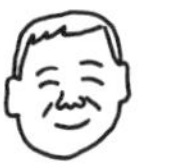

らぴすさん。大変でしょう。テレビ業界の人と話すと、ADが慢性《まんせい》的に足らないとか、また逃げたとかよく聞きます。それは、本当に過酷《かこく》な労働条件だからですね。

昔、日本のエンタメ業界は、テレビ局で働けるんだから、映画を創《つく》れるんだからと、日本的「世間」で強引に法令と就業《しゅうぎょう》規則をねじ伏せてきましたが、コンプライアンス意識をちゃんと持つ若い人が増えてきて、魅力的な職場と感じる人は年々減ってきているようです。

もちろん、なんとか改革しなければいけないと思っている業界人も多くいます。なんとかしないと、ますます若い人が集まらなくなってしまうからです。

らぴすさんのように、海外の状況を知る人も増えていますし、海外で俳優やスタッフなどをしながら海外の労働条件をSNSで発信する日本人も増えてきましたから、日本のブラック業界ぶりは着実に知れ渡っています。

僕は今、信じられない長時間労働と少ない休日、理不尽なルールで働き続けられているらぴすさんを、すごいと思います。思いながら身体を壊さないようにと心配します。

さて、僕のアドバイスは、「今の気持ちに従」うのがいいと思います。つまり、海外の現場に興味があるのなら、思い切って行ってみることです。

らぴすさんがディレクターやプロデューサーになりたいのなら、海外での経験はとても有意義なものになると思います。日本のドラマを創るために、日本人以外と接するのは意味がない、なんてことはありません。それどころか、違う考え方、違う表現、違うセンスを知ることは、らぴすさんの創作活動にとてもプラスになると思います。

だいいち、海外に出ると言っても、どれぐらいになるか分からないでしょう? 半年で挫折《ざせつ》するか、3年過ごして向こうで作品を創るチャンスに恵まれるか、それは行ってみないと分からないのです。

とりあえずの保証として、「大手のテレビ制作会社」が例《たと》えば「1年間の休職」を認めてくれれば素敵《すてき》ですが、その可能性は低いでしょう。

もちろん、せっかく入社した「大手のテレビ制作会社」をやめるのは嫌《いや》だと感じる場合は、海外に行きたいという今の気持ちはそんなに強くないということでしょう。

でも、「自分の生きていきたい環境」で、やがて「日本のテレビドラマを創りたい」と思っているのなら、海外に行くことは矛盾《むじゅん》しないと思います。

「子供の頃からの夢を追い続ける」ことと「今の気持ちに従って海外に出る」ことは両立するということです。だって、24歳のらぴすさんの前には、まだまだ膨大な時間があるのですから。

日本のテレビドラマを創る方法は、「大手のテレビ制作会社」にいることだけではありません。いるから創れるわけでもないことは、らぴすさんももう知ったんじゃないでしょうか。

らぴすさん自身が経験を積み、技術と感性を磨《みが》いていけば、チャンスはいくらでもあると思います。

また、日本に戻ってきてからが心配かもしれませんが、前述したようにADは慢性的に人材不足なんです。ブランクがあっても、優秀なADであれば、そしてもちろん優秀なディレクターは、会社を超えてますます求められているのです。また、これから先、日本のエンタメ業界はどんどんグローバル化して、世界とつながっていくと思いますから、海外の経験があるADやディレクターの需要《じゅよう》は増大するのでしょう。

ただし、らぴすさんの英語力はどうですか？　海外での時間を有効に使いたいと思ったら、英語をちゃんと上達させてから行くことをお勧《すす》めします。中途半端《ちゅうとはんぱ》な英語力だと、仕事の現場や学校で支障《ししょう》なく会話できる英語力を身につけるまでに1年とか2年とか普通にかかります。現場では、ゆっくりも言ってくれないし、丁寧《ていねい》に二回繰《く》り返してもくれませんからね。

いろいろ不安かもしれませんが、「今の自分に正直」に生きることが、らぴすさんの未来にとっても一番いいことだと僕は思います。

不安とワクワクを天秤《てんびん》にかけて、ワクワクが勝ったら、えいやっ！と飛び出すことをお勧めします。

相談2

過去に辛《つら》い経験をもつ人間も明るく生きていけるのでしょうか

28歳・女性　さとみん

既婚《きこん》28歳女性です。物心《ものごころ》ついた頃から両親は不仲で、毎晩夫婦喧嘩《ふうふげんか》ばかりの家庭で育ちました。喧嘩の原因は母が信仰している宗教です。一度家庭のお金に手をつけてしまったようで、それ以降「宗教を辞《や》めろ」「家から出て行け」など父が母に怒鳴《どな》るようになりました。泣きながら喧嘩を止めたこともあります。

宗教の信仰は自由ですが、やはり母のせいで窮屈《きゅうくつ》な思いをしてきたのは確かで、母を恨《うら》む気持ちもあります。でも母はいつも優しくて自分の一番の味方でした。母のことが大好きです。また実家は貧乏で、いつもうちにはお金がないと言われながら育ちました。両親の喧嘩を聞いているのはとても辛く、高校卒業と同時に家を出て姉と暮らすようになりました。

大人になったら楽《らく》になれる、幸せになれると思って生きてきましたが、大人になってからの方が周りと自分の人生を比べてしまい辛いです。友達や同僚と家族の話をしていても里帰り出産するとか、車を買ってもらったとか大型連休には実家に帰ってゆっくりするんだとか、自分と違いすぎて、ああやっぱり私の家庭環境はおかしかったんだと再認識してしまい、大袈裟《おおげさ》ですが未来に希望がないと思ってしまうのです。

子供の頃から消えたい消えたいと思いながら生きてきました。今でも思います。でも死ぬ勇気はないのです。自分だけ辛いわけじゃない、とか分かっているのですが、でもまだ涙が出るほど辛い時もあります。

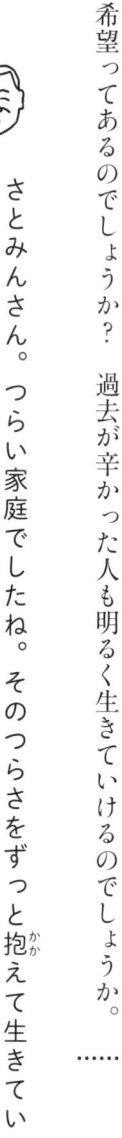

誰にも相談できずに生きてきました。文章がうまくまとまらないのですが、人生に希望ってあるのでしょうか？　過去が辛かった人も明るく生きていけるのでしょうか。

さとみんさん。つらい家庭でしたね。そのつらさをずっと抱《かか》えて生きているんですね。大変でしたね。

さとみんさんのお母さんは、この『ほがらか人生相談』に送られてくるような「毒《どく》親《おや》」とはちょっと違っています。毎月、「これはひどい親だ」と思う相談がたくさん送られてきます。でも、その場合は、親に対する子供の態度ははっきりしています。つらいですが、一刻も早く縁《えん》を切り、親との接点をなくし、自分の人生を生きていくことです。事態は深刻ですが、解決方法は明確です。

でも、さとみんさんの母親は、「宗教」以外の部分では、とてもいいお母さんなんですよね。宗教が原因で、夫と対立し、（おそらく）宗教が原因で貧乏で、さとみんさんには平穏《へいおん》な家庭生活がなかったんですよね。でも、お母さんはいつも味方になってくれたんですよね。

とても、矛盾《むじゅん》した存在ですよね。「優しいお母さん」か「完全な毒親」だったら、さとみんさんは、今のような複雑な混乱はしなかったんじゃないかと思います。

いつもいつも毒親に虐待《ぎゃくたい》されていたら、さとみんさんも態度が明確になれたんじゃないでしょうか。でも、優しいお母さんの時があって、話せるお父さんがいて、でも、二人が決定的に対立する、その矛盾にさとみんさんの心はズタズタになったんだと思います。

でもね、さとみんさん。人間には、完全な善人とか完全な悪人はなかなかいないし、完璧《かんぺき》な母親も悪魔のような母親もそんなにいないんじゃないかと僕は思っています。

「この部分は素敵《すてき》なんだけど、この部分は最低だ」とか「ここは素晴《すば》らしいけど、ここは絶対に許せない」なんて人間がほとんどじゃないかと思います。つまり、そもそも人間は矛盾した存在だと思うのです。

そんな矛盾した人間と、うんうんと唸《うな》りながらつきあっていくのが人生なんじゃないかと僕は思っています。

「子供の頃から消えたい消えたいと思いながら生きてきました。今でも思います」と書かれたさとみんさんは、既婚なんですよね。この相談では、夫のことは何も書かれていませんが、夫の存在が「希望」にはなりませんでしたか？　夫のことをどんなに愛していても、つらい過去の方が重いですか？

「私の家庭環境はおかしかったんだと再認識してしまい、大袈裟ですが未来に希望がないと思ってしまうのです」と書かれています。自分でも大袈裟と表現していますが、僕もそう思います。前半と後半はつながりません。

「家庭環境がおかしかったこと」は事実です。でも、だからといって「未来に希望がない」はイコールではありません。「過去が辛かった」ことと「明るく生きていける」かどうかもイコールではありません。過去がつらくても、明るく生きている人はたくさんいます。家庭環境がおかしくてもちゃんと希望を持って生きている人もたくさんいます。

考えてみれば、当り前のことだと思いませんか？「過去が辛かったこと」は、過去を決定しますが、未来まで１００％決めることではないのです。

過去がつらかったから、未来も絶対につらいはずだと思ってしまうのは、さとみんさんの気持ちが落ち込んでいるからです。

それは、自分の気持ちがまだ整理できてないからだと僕は思います。

さとみんさんにとって、母親はとても矛盾した存在です。「母を恨む気持ち」と「母のことが大好き」な気持ちが、未《いま》だにさとみんさんの心の中で激しくぶつかって、さとみんさんを苦しめていると僕は思います。母親もまた、宗教への思いと家族への思いを矛盾したまま抱えていると思います。

さとみんさんは28歳ですね。もうすぐ、30歳になります。そろそろ、母親の弱さを認めてもいい時期じゃないかと思います。許すんじゃないですよ。宗教に過剰《かじょう》に頼り、夫との関係より宗教を大切にし、家庭を混乱させてしまった優しい母親の寂《さび》しさとか事情とかを、そして母親と対立した父親のことを認めるのです。許すのではなく、恨んだ気持ちと好きだという気持ちを持ったまま、認めるのです。

私を苦しめ、傷つけ、人生を信じられなくした母親と父親を認めるのです。とても許せないけれど、そうなってしまった母親と父親の心情と事情を認めるのです。

そうすることで、さとみんさんの母親に対する気持ちは、ゆっくりと落ちついてくるんじゃないかと思います。母親に対する気持ちや母親という人間を冷静に判断できるようになれば、自分自身の人生も落ちついて見られるようになると思います。

矛盾した母親を許すのではなく、認める。母親はそういうものだったと認める。すべてはそこから始まると僕は思います。

さとみんさん。どうですか？

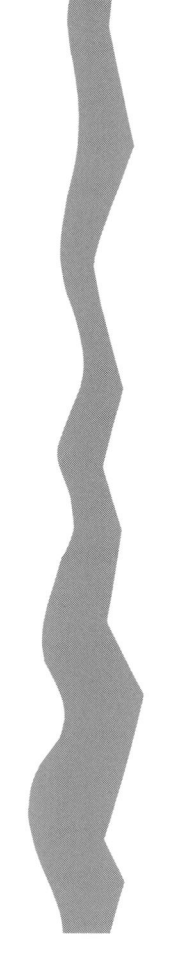

相談3

ミスを指摘されると不機嫌《ふきげん》になってしまいますが、どうこの性格を治していいかわかりません

28歳・女性　どど

ミスを指摘されると不機嫌になってしまいます。

何故《なぜ》不機嫌になってしまうのかを考えたところ、性根《しょうね》が短気《たんき》でプライドが高く負けず嫌いなので、周りを見下《みくだ》して心の安定を図《はか》っていることに気づきました。

気づいたはいいのですが、相変わらず同僚や後輩にミスを指摘されるとあからさまに不機嫌になってしまい、どうこの性格を治していいかわかりません。

どうやったら周りを見下さずに済むか、せめてすぐ不機嫌になったり、イライラしたりせずに過ごしたいです。知恵を貸していただけないでしょうか。

どどさん。そうですか。不機嫌になる理由は「性根が短気でプライドが高く負けず嫌いなので、周りを見下して心の安定を図っている」からだと気づいたのですね。素晴《すば》らしい自己分析だと思います。

持て余す感情に対して、うまくつきあっていくためには、理性しかないと僕は思っています。

つまりは、「どうして自分はこうするのか？」「どうしてこう感じるのか？」を突き詰《つ》めていくしか、賢《かしこ》く生きる道はないと思っているのです。

でね、どどさん。もう一歩踏《ふ》み込んで、「どうして、性根が短気でプライドが高く負けず嫌い」なのか、考えてみませんか？

「そういう性格だから」というのは、あまり賢明《けんめい》な答えではないと思います。そういう性格になった理由を探《さぐ》ろうとしているのです。

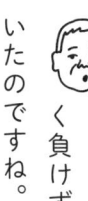

ちゃんと自己分析できるどどさんですから、じっくり考えたら答えが出ると思います。ここで終わってもいいぐらいなんですが、それだと『ほがらか人生相談』にメールを送ってくれた意味がないでしょうから、僕の判断を書きますね。

どどさんが「性根が短気でプライドが高く負けず嫌い」なのは、「どどさんが自分自身に自信がないから」だと僕は思います。

自分に自信がないから、他人にミスを指摘されると、自分自身そのものを否定されたような気持ちになって怒ってしまうんだと思います。短気でプライドが高く、負けず嫌いなのも、自分に自信がなく、常に不安で自分を守ろうとしているからだと思うのです。

だって、自信のあることや得意なことは、突っ込まれてもたいして動揺しないでしょう？　どどさんは何が得意ですか？　高校時代、なにかクラブ活動してました？　もしバスケが得意だったら、ミスの指摘もアドバイスもちゃんと聞いたんじゃないですか？　でも、もしライバルが現れて、レギュラーから補欠《ほけつ》に落とされそうになったら、不安になって、ミスの指摘にいらついたんじゃないですか？

そうするとね、どどさん。この性格を変えていくためには、「自分に自信を持つこと」となります。

自分に自信を持てば、短気でもなくなり、ミスを指摘されても簡単には怒らなくなるんじゃないでしょうか。

え？　そんなことができたら苦労はしない？　たしかに「自分に自信を持つ」こと

は、先進国の中で、「自尊《じそん》感情」がトップレベルで低い日本人には、なかなか難しいことです。でも、そうなることが、一番確実な解決方法だと思います。

では、どうしたら「自分に自信を持てる」ようになるかですね？　それは、職場でひとつひとつ小さな「勝《か》ち味《あじ》」を積み重ねていくことだと僕は思います。「成功体験」とか「自分をほめること」と言ってもいいです。どんなに小さなことでもいい、誰かの「ありがとう」とか「助かります」なんていう感謝の言葉でもいい、毎日、ちゃんと会社に遅刻しないで行っていることでも、満員電車に耐《た》えていることでもいい、とにかくなんでも自分をほめる理由を見つけて、自分自身でかみしめるのです。それが「勝ち味」です。

できれば、一日一つ、夜、寝る前に口にして自分をほめるといいと思います。「今日は遅刻しないで会社に行けた」とか「『おはよう』と大きな声であいさつできた」なんてことです。慣れてきたら、一日に二つとか三つに増やすのが効果的です。

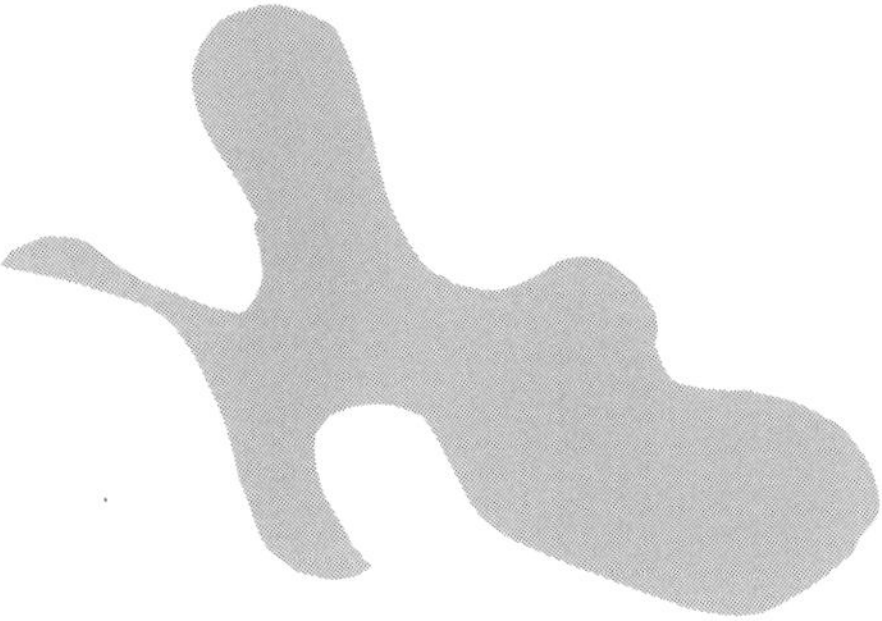

もし、どどさんが毎日毎日、失敗ばかりして怒鳴《どな》られていたら、この方法は難しいです。でも、普段はちゃんと仕事をしていて、たまにミスをするぐらいなら、普段ちゃんと仕事している自分をうんとほめるのです。ほめて、自分に自信をつけていくのです。

自分へのご褒美《ほうび》も忘れないように。毎朝、ちゃんと起きている自分をほめるために、美味《おい》しいものを食べるとか、スーパー銭湯《せんとう》に行くとか、マッサージを受けるとか、ご褒美をかみしめてください。

そうすれば「周りを見下して心の安定を図」る必要もなくなると思います。

時間はかかりますが、これが一番確実な「ミスの指摘に簡単に不機嫌にならない方法」だと僕は考えます。どどさん、どうですか？

相談4

会話泥棒される頻度《ひんど》が、とても高いと感じています。どうしたら自分の話を聞いてもらえるでしょうか

54歳・女性　ことり

わたしの悩みは自分の話を聞いてもらえないことです。

自分の話をしているのに相手の話になってしまう事は誰でもあるかと思います。例《たと》えば「昨日体調が悪くて病院行ったんだ」と自分が言ったとします。相手は「そうなんだ！　わたしもこないだ体調悪くて病院行ったんだよね。頭がすごく痛くてさ……」と、相手の話になってしまうのです。いわゆる会話泥棒というやつです。

わたしは会話泥棒される頻度が、とても高いと感じています。頻度が高すぎて、自分の話を充分《じゅうぶん》聞いてもらったと満足した事がありません。

会話泥棒されると、またかと諦《あきら》めてしまって相手の話を聞く側に回ってしまうせいもあると思います。

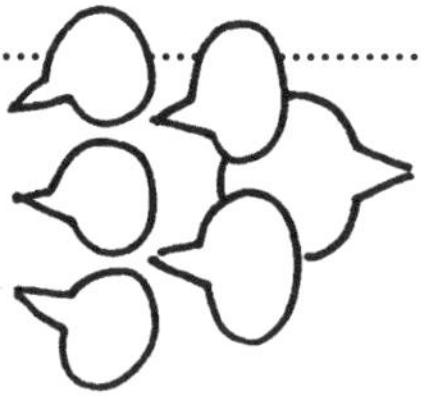

「体調がどんな風に悪かったのか」

「病院で何と言われたのか」

など、相手に関心があれば質問できるし、実際にわたしは質問します。しかし相手はしてくれず自分の話ばかりします。

　最近は諦めて、相手の話を聞かず（質問しないで）相手の話が途切《とぎ》れたら自分の話をするようにしています。でもそうすると話が広がらないんですよね。

　人に相談すると、「聞き上手でいいじゃない」と言われますが、わたしは人の話を聞くために生きてるわけではありません。たまには自分の話を満足いくまで聞いてもらいたいのです。

　思い返せば、自分の母が話を聞いてくれなくてその恨《うら》み？が友達にも反映されてるのではと思います。母にはちゃんと話を聞いて欲しいと伝えた事がありますが、わたしが望むような聞き方をしてくれません。わたしが上司にパワハラを受けて相談しても、自分の習い事の先生に似たような事をされた話をされました（その場で「わたしの話を聞いてください」と言いました）。

　以前自分の話ばかりする人が相談されていましたが（単行本『なにがなんでもほが

らか人生相談』の相談22)、その人が羨《うらや》ましいです。その人の話を聞いてくれる相手がいて。

わたしはこのまま自分の話を聞いてもらえた、という満足感なしで生きていかなければならないのでしょうか。どうしたら自分の話を聞いてもらえるのでしょうか。

ことりさん。「会話泥棒」という表現、僕は初めて知りました。そんな言い方があるんですね。
ことりさんは素敵《すてき》な人だと思いますよ。それは、「相手に関心があれば質問できるし、実際にわたしは質問します」と書かれているからです。
会話はキャッチボールだから楽しいんですよね。相手の言葉を受けて、投げ返して、また相手が返してくる。ただ、相手が一方的に投げてるだけで、こっちはボールを受けるだけだと何も楽しくないですよね。
「会話泥棒」されない一番確実な方法は、「面白《おもしろ》い球を投げる」ことです。「昨日体調が悪くて病院行ったんだ」ではなく「昨日体調が悪くて病院に行ったら、病院がスーパー銭湯《せんとう》になってた」です。これなら、たいていの人は「どういうこと!?」と聞いてくれます。

でも、話芸のプロでない限り、いつもいつも面白い話ができるとは限りません。

ちなみに僕は「うむ。これは誰が聞いても面白いと思うぞ」という話だけ他人にすることにしています。逆に言うと「身辺雑記《しんぺんざっき》」みたいな「なんでもない話」は、友達相手でもほとんどしないようにしています。しないで心の中で自分につぶやきます。僕自身、なんでもない話を振られても困ってしまうからです。「昨日、洗濯したんだ」「朝からダルいんだ」なんて言われても「そうですか」としか言えないのです。

でも、関心のある相手なら別ですね。好きだったり、興味があると「朝からダルいんだ」と言われたら、「どうしたの？」とか「働き過ぎ？」と聞きますね。

でも、もし相手が僕に関心がないと、僕が「朝からダルいんだ」と言っても、相手は困るだろうなと思っています。だから、よっぽどの相手以外には、自分からはこのレベルの話はしないのです。

でも一般的には、こういう「なんでもない話をちゃんとキャッチボールできる関係」が、本当の友達関係だと思います。

でね、ことりさん。きつい言い方ですが、ことりさんの話を「会話泥棒」する人は、ことりさんになんの関心もなく、ただ「自分の話を言いたい」つまり「発散したい」だけの人だと思います。友人のふりをしていますが、友人じゃないんですね。

「話が広がらないこと」を悲しむことりさんは、ちゃんと「キャッチボールしようという意識」がある人です。でも、自分にしか関心がない人にはそういう意識もないので、いくら話を振っても話題は広がりません。

目的は、キャッチボールではなく、発散だからです。自分の球を投げ続けて「あー、すっきりした」と思う人です。そういう人は、ことりさんのキャッチボール相手には向かないと思います。「自分の母が話を聞いてくれなくてその恨み？が友達にも反映されてるのでは」と書かれていますが、これはちょっと意味が分かりません。母の呪《のろ》いなら分かりますが、そんなこともないでしょう。

ですからことりさんが「会話泥棒」されない方法としては、「とびっきり面白い話をする」か「友達を選ぶ」じゃないかと思います。

ことりさんの周りに、キャッチボールの意識がある人がいれば素敵だし、「あなたの話をちゃんと聞くから、私の話も聞いてね」とか「今日は私の話をちゃんと聞いて。昨日は、あなたの話をちゃんと聞いたでしょう」というような言い方が通じる人を見つけるのです（または通じるように粘《ねば》り強く会話するのです）。

やがて、そういう人がキャッチボールの面白さを感じてくれれば、楽しい会話が続くようになると思います。

だって、発散の楽しさより、キャッチボールの楽しさの方が間違いなく大きいのです。発散の楽しさは、自分一人の作業ですが、キャッチボールの楽しさは、共同作業です。つまり、かけ算の楽しさなのです。吐き出して終わりの発散の楽しさは、それ以上広がることはありません。

楽しさは、全然、違うのです。

楽しい方を選ぶのが人間なんですから。ことりさんにぴったりの「キャッチボール相手」が見つかるように願っています。

相談5

再婚後に妊娠。元夫との17歳の息子がご飯のとき以外顔を見せなくなりました

36歳・女性　まろまろまろまろん

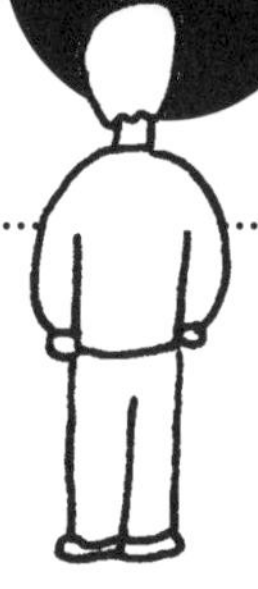

鴻上先生、はじめまして。私は自分が悪いと分かっていて友達に色々《いろいろ》相談しますが、否定されると落ち込みます。そんななか鴻上先生の人生相談のやさしい回答に心打たれ、話を聞いて頂きたいです。

私は18歳のとき一度目の結婚をし、二人の子供を授《さず》かりました（上が現在17歳の男の子、下が14歳の女の子）。性格の不一致《ふいっち》や元旦那《だんな》が浮気で帰ってこなくなったりで、25歳で離婚しました。ですが子供にとってはいい父親の部分もあったので、程《ほど》よい距離で関係は保ってきました。

そんな関係が10年続き昨年、いいご縁があり再婚致《いた》しました。授かり婚です。お付き合いは2年ほどですが子供に会わせたのはお互いの結婚の意思がとれてからです。

初めはうちに来てゲーム等をし、子供も受け入れてくれたのですが、妊娠と結婚を告げると上の息子に避《さ》けられるようになりました。下の娘は喜んでくれました。賛成ではないのならと、一旦《いったん》はお腹《なか》の子も諦《あきら》めようとしたのですが、ここに命があると思うと諦めることができず、産んで結婚したいと素直に息子に話し、息子は「そうだよね、わかった」と言ってくれ新しい生活が始まりました。

最低限、今までの生活環境は変わらないようにしようと、不自由なくさせております。元旦那とも会っています。

しかしゴハン以外は顔も見せず話もせず、こちらが話しかけても返事のみの生活になってしまいました。もっと笑う子でした。

私のワガママで生じたことは重々《じゅうじゅう》わかっております。

気難《きむずか》しい時期に年の離れたきょうだいができたこと、今の旦那は忙しく平日はあまりいませんが、子供と無理に話はしなくとも挨拶《あいさつ》ぐらいはやっていこうとしてくれてます。ですが息子は分かるか分からないくらいの小さいうなずきしかしません。

息子の元の笑顔を見ることはもうできないかもしれませんが、少しでも居心地《いごこち》よくできたらと思っています。どうしたらいいでしょうか。乱文、申し訳ありません。

まろまろまろんさん。そうですか。「自分が悪いと分かっていて」も、「否定されると落ち込みます」か。えっ？「鴻上先生の人生相談のやさしい回答に心打たれ」たんですか？ということは、僕はまろまろまろんさんを否定しないと決めているんですか？……困りましたね。

「少しでも居心地よくできたらと思っています。どうしたらいいでしょうか」というのは、誰にとって「居心地よい」のでしょうか？　まさか、まろまろまろんさんだけの居心地よさですか？　違いますよね？　息子さんとまろまろまろんさんと、そして新しい父親である夫を含めたみんなの居心地がよくなる方法ですよね？

まろまろまろんさんは今の状態が、「私のワガママで生じたことは重々わかって」いるんですね。それでも、息子さんのことが心配ですよね。

でも、僕には、とてもいい息子さんに思えますよ。

母親の交際相手とちゃんとゲームをするし、結婚・出産を相談したら「そうだよね、わかった」と言ってくれるし、結婚相手が挨拶をしたら「小さいうなずき」を返してくれるんでしょう。僕からしたらパーフェクトな息子さんです。

まろまろまろんさんは、授かり婚なんですよね。息子さんからしたら、それは驚くと思いますよ。交際して、結婚式をして、一緒《いっしょ》に住むようになって、やがては「子供が生まれるのかなあ。そんなつもりはないのかなあ」と、息子さんはゆっくりと手順を踏《ふ》んで、「母親の恋愛」を受け入れようとしていたんじゃないかと思います。

実の父親のことも考えたと思いますよ。気持ちをじっくりと整理して、新しい父親も受け入れるつもりだったんじゃないでしょうか。

いえ、「授かり婚」が悪いと言っているんじゃないんです。「授かり婚」をするということは、「母親はセックスをしていた」ということを息子にいきなり突きつけるということです。

交際しているんだから、そういうことも当然あるでしょうというのは、大人の考えです。

子供にとっては、母親は母親であって、セックスをする「女性」ではないのです。生々《なまなま》しい女性ではないということです。

もちろん、だんだんと大人になっていくと、「母親も女性なんだ。当り前だ。だから、恋もするし、セックスもするんだ」と考えられるようになりますが、子供はなかなかそうは思えません。

もちろん、人によっては、十代でもちゃんと「母親の恋愛と性」を受け入れられる人もいるでしょうし、逆にいくつになっても母親を一人の女性だと考えられない人もいるでしょう。

一般的には、共感するかどうかは別にして、娘の方が同性である母親の心情を想像しやすいと言えるでしょう。自分のことを考えるように、母親のことも考えられる可能性が高いと思います。まろまろまろんさんの娘さんは、「母の恋愛と性」を受け入れたので、息子さんより「授かり婚」への抵抗が少なかったんではないでしょうか。

ただし、思春期はなかなか、そう考えるのが難しい時期です。それは、両親との距離がうまく取れないという理由と共に、自分自身が「性」に対してどう向き合ってていいか分からないからです。

日本では、とても残念ですが、本当の「性教育」がおこなわれず、「性教育」を「性器教育」だと思い込んで、一律《いちりつ》に反対する一部の人達が力を持っている状況です。性器と生殖に関することだけが「性教育」で、それは「寝た子を起こす」不必要なものだと主張するのです。

本当の性教育とは、射精《しゃせい》や妊娠のメカニズムを教える前に、「人間にとって性とは何か？」「私は愛と性にどう向き合うのか？」という根本《こんぽん》的な認識を子供達に伝え、共に考えることだと僕は思っています。

というわけで、まろまろまろんさん。僕には、息子さんの気持ちが分かるような気がします。

息子さんは、とても戸惑《とまど》っているんだと思います。急に「女性」になった母親を嫌いになることもできず、新しい父親も憎《にく》めず（でも、話しかけるとちゃんと返事をするのです。なんて素敵《すてき》な息子さんでしょう。まったく無視するとか、反抗する場合も珍《めずら》しくないのに！）、ただどうしていいのか分からないという状態だと思います。

頭では祝福しないといけないと分かっているから「そうだよね、わかった」と言ったけれど、自分の感情をどう扱っていいか分からなくて混乱しているのです。

こういう時は、無理に息子さんの心の扉《とびら》をこじ開けようとしたり、息子の笑顔を見たいと強引に会話しようとしたり、少しでも居心地よくしようとするのではなく、今まで通り、適度な距離を取った日常を過ごすのがいいと僕は思います。

息子さんは17歳ですから、もうすぐ大学進学でしょうか。それとも就職でしょうか。

いずれにせよ、一度、家を出て、ゆっくりと「母親」や「性」について考える時間を持つことが大切だと思います。

　母親が女性であることを受け入れるには、時間が必要でしょう。でも、本当にちゃんとした息子さんですから、何年か先になるかもしれませんが、やがて、「母親が女性であること」を認める時期がきっと来ると思います。その時は、また息子さんの笑顔が間違いなく見られるでしょう。

　それまでは、焦《あせ》ることなく、今のままで、穏《おだ》やかに息子さんと接することをお勧《すす》めします。

　まろまろまろんさん、きっと大丈夫ですよ。立派な息子さんなんですから。

相談6

知的障害の子供たちを育てながら、何処《どこ》に行っても他の子との差を見せつけられます

33歳・女性　チロル

知的障害の子供たち（4歳男児・重度、1歳女児・中度）は2人とも生活の全てに、全介助《かいじょ》が必要です。

保育園に入っていますがそれでも親に余裕はありません。朝から晩までイライラして怒鳴《どな》っています。

息子は体幹《たいかん》が弱く着替えさせている間ふらつくので「真《ま》っ直《す》ぐ立てないの⁉」。家を出ようとすると靴を左右逆に履《は》いており「逆！」と言っても直さず。「何でもママにやらせる気なの⁉」と怒鳴りながら履き替えさせています。

新年度になって保育園の支度《したく》でやることが増えました。園帽子《ぼうし》を被《かぶ》せて、マスクをつけて、名札《なふだ》をつけて……全部こちらがやっています。

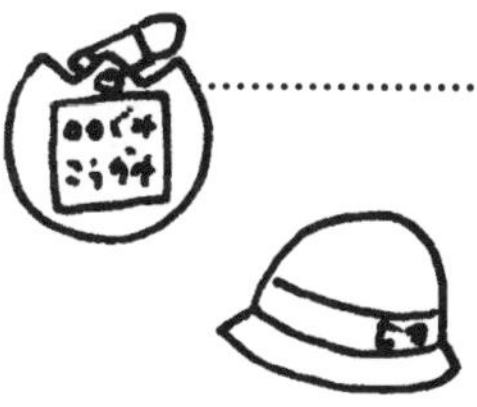

息子の世話で手一杯《ていっぱい》で、娘は必要な世話をしてほぼ放置状態。療育《りょういく》に通わせるも軽度〜中度だった知能指数が重度に転落し、療育でも何もできないのは息子だけ。何処に行っても他の子との差を見せつけられます。

比べるな、と言われても無理な話。保育園や療育の先生に相談した事はありましたが「息子君は成長がゆっくりで……」とか「息子君なりのスピードで成長していますす」とテンプレートな返しで、それ以来誰にも相談できていません。

最近は手が出て「死ね」「施設に入れ」とまた怒鳴りました。翌日児相《じそう》（児童相談所）に電話をしました。普段は、人前では良い母親のように振舞《ふるま》おうとしていますが、本当に助けて欲しくて、あった事を全て話しました。

今息子は一時保護されています。近々、今後について児相の方と話し合う予定です。やはり自分の子供なので可愛《かわい》いという想いもあれば、戻って来て欲しくないとも思います。息子が抜けた今、娘を育てる事ができている気がするし、私自身、時間的にも精神的にも余裕が出てきています。それまでの無気力な状態から脱しつつあるように感じます。

今後どうしたいのか自分でも分かりません。

…………………………………………………………………………………

施設に入れる事に対しての後ろめたい気持ち。

もしかしたら息子が何かしら自分の事を自分でできるようになるかもという淡《あわ》い期待。寂《さび》しい、でも居《い》るとイライラする。

逆にこのまま状態が悪くなって最重度になるかもしれない。娘まで重度に転落するかもしれない。不安。今までこんなに大変な思いをしてきたのだから、もう良いよねとも思ったりします。

何より息子がどうしたいのか分からない。発話が無いので。

チロルさん。大変ですね。本当に大変ですね。でも、よく「人前では良い母親のように振舞おう」ということをやめて児童相談所に電話しましたね。

それはとてもよかったと僕は思います。

子供に対して「死ね」という言葉が出た時は、待ったなしの「危険信号」です。子供に対してだけじゃないですよ。親自身に対してもです。そんな言葉を言わなければいけない状況は、もう絶対に危険な状態です。

「今後どうしたいのか自分でも分かりません」と書かれていますが、僕はわりとはっきりしていると思います。

父親の記述がまったくないということは、チロルさんはシングルマザーでしょうか。それとも、まったく育児に協力しない夫なんでしょうか。

いずれにせよ、チロルさん一人では、今の段階で二人の子供を育てることは、残念ですが無理だと僕は思います。息子さんを一時的に保護してもらうことで、チロルさんは、「娘を育てる事ができている気がする」し「時間的にも精神的にも余裕」が出てきたんでしょう。そして「それまでの無気力な状態から脱しつつある」んでしょう。

それが一番大切なことだと僕は思います。

息子さんを「施設に入れる事に対しての後ろめたい気持ち」はよく分かります。でも、二人を育てようとしたらまた、「死ね」という言葉を言ってしまう可能性がとても高いでしょう。チロルさんが倒れてしまうと僕は思います。

「もしかしたら息子が何かしら自分の事を自分でできるようになるかもという淡い期待」は、当然、あると思います。息子さんが施設で面倒《めんどう》を見てもらいながら、そうなる可能性もあるじゃないですか。そうなったら、また、次の段階を考えればいいんじゃないでしょうか。

チロルさん。本当に今までがんばりました。

でも、このままだとチロルさんが潰《つぶ》れてしまいます。チロルさんが潰れてしまえば、息子さんも娘さんも大変なことになります。

チロルさんのために、そして、二人の子供のためにも、息子さんは施設にお願いして、娘さんを余裕を持って育てることが一番いいと僕は思います。

チロルさん。本当にがんばりましたね。娘さん一人でも、まだまだ大変な生活は続くと思います。無理をしすぎず、身体に気をつけて、周りにちゃんと弱音《よわね》を吐《は》いて、少しでも楽《らく》になりながら生きていけたらと願います。

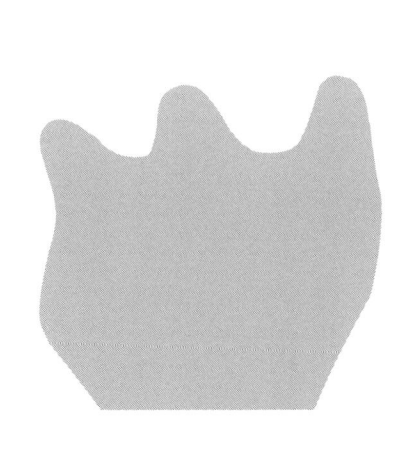

相談7

元女性の性同一性障害《せいどういつせい》(FTM)ですが、子を望むようになった彼女に別れを告げられました

26歳・男性　むぎ

私は性同一性障害（FTM）で元々女性として生まれてきましたが、現在は手術をして戸籍《こせき》の性別変更を行い男性として生活している26歳の会社員です。

結婚を考えていた彼女に、血の繋《つな》がった子が出来ない事を理由に別れを告げられました。

彼女はストレート女性（今までLGBTの方とお付き合いした事がない）なので、私がFTMである事、将来は自分と血の繋がった子供がつくれない事をきちんと伝え理解の上でお付き合いしていました。

交際期間は半年間という短い期間でしたが、本気で結婚を考えていた相手でした。

彼女は精子提供や里親《さとおや》で子供を授《さず》かる事に反対していましたが、まだお互い20代なの

で将来の事は2人でゆっくり考えていこうと言っていました。

しかし彼女に、これからの将来、子供の事を考えるのが億劫《おっくう》で逃げたくなったと別れを告げられました。

職場でストレスを感じていたり、年齢的にも気持ちが不安定で色《いろ》んな面でキャパを超えていたんだと思います。

今回の事も予兆《よちょう》はありました。その時、話し合いをしましたが、きっと私が傷つくのが分かっていたから本心は言えず、ずっと1人で悩んでいたのだと思います。出産、子育てしてる友達の姿を見て子供を望むようになり、お母様に孫の顔を見せたいと思ったのだと思います。精子提供や里親で子供を授かる事に反対している彼女には私といるとその可能性は0で、逃げたいと言っているストレスフルな彼女には私との別れが一番最善な選択だったのだと思います。責任感の強い人なので、きっと理解の上で付き合ってたのに気持ちが変わってしまった自分自身が嫌《いや》で、私に対して申し訳なさや罪悪感も感じてたのだと思います。

自惚《うぬぼ》れているわけではないですが、おそらく別れを告げた時はまだ私の事を大切に思ってくれてたと思います。

私は男として生きると決めた時から子供の事はある程度覚悟を持ってましたが、そうでない人からしたら、そんなに簡単に決められる事ではないと思います。彼女には彼女の価値基準があり、彼女にはその選択しか取れなかったのだと思います。僕もその選択が彼女にとって最善だったと思います。なので、彼女の事を責《せ》めたり、悪いだなんて全く思えません。

子供ができない自分も、子供を望む彼女も悪くないですし、しょうがない事も分かっています。全部分かっているのに、どうしようもなく悔《くや》しくて辛《つら》くてやるせないです。

時間が解決してくれるとか、血の繋がった子供がつくれなくても自分をいいって言ってくれる人がいるとか、子供が全てじゃないとか全部分かっています。自分が男として生きていくと決めたからには現実を受け止めて生きていくしかない事も分かっています。

頭では理解しているのに、それでも、これからの将来、彼女と過ごしたかったと思ってしまいます。本当に彼女の事を愛していました。だからどうにかしたくて、どうしようもできなくて、何度も死にたくなってしまいました。別れて4ヶ月が経《た》とうとしていますが、未《いま》だに毎日死にたさを感じながら生きています。死にたい原因は、子供をつくれない自分の人生に絶望したからなのか、これからの将来彼女が隣《となり》にいないからなのか、その両方なのか分かりません。

人生で誰もが一度や二度経験する失恋だと、死にたいなんて思わず次の恋愛をしたら忘れるだろうと思い、別れてすぐの頃は複数の女性と会い、現実逃避《とうひ》をしていました。けれど、他の女性に会えば会うほど傷ついて余計《よけい》に心がボロボロになりました。

彼女の事を考える時間を減らそうと趣味を作ったり、引越《ひっこ》しして環境を変えて無理に忙《いそが》しくしてみたりもしました。でも、気付けば1人でボーッとしてる時間が増え、今は誰とも話さず、仕事も行かずただ1人になりたい気持ちが強いです。

残り60年も人生があれば、きっとまたいつか誰かを好きになって大切に思える日がくると頭では理解しています。彼女よりいい人なんてこの世にごまんといる事も理解しています。それでも彼女を心の中で整理する事ができません。彼女の事を思い出にして美化《びか》するのも、諦《あきら》める為に劣化《れっか》させるのも嫌だと思ってしまいます。これは執《しゅう》着《ちゃく》でしょうか。どうしたら私は彼女を手放す事ができるでしょうか。

むぎさん。そうですか。別れを告げられましたか。つらいですね。「胸が張り裂ける」という言い方がありますが、本当にそんな気持ちになったんじゃないですか。

「これは執着でしょうか」と書かれていますが、まだずっと好きなんですから、執着するのは当り前です。

それも、相手を殴《なぐ》ったとか、嘘《うそ》をついて相手を裏切ったとか、浮気をしたなんていう「あなたがしたひどいこと」が理由なら、まだ納得《なっとく》ができて、執着を少しは抑《おさ》えることができるでしょう。

でも、むぎさんが別れを告げられた理由は、むぎさんのしたことではなく、むぎさんが主体的には変えられないことです。つまり、むぎさんの属性です。

むぎさんは、なにも悪いことはしてないのです。嘘をついたわけでも殴ったわけでも浮気をしたわけでもないのに、別れを告げられたのです。自暴自棄《じぼうじき》になって、心がボロボロになって、張り裂けて、死にたくなるのは、当然だと思います。

むぎさん。つらいでしょう。26歳という若さですから、余計、魂《たましい》にまで苦しみが届くのだと思います。

だからこそ、あえて、僕は次のように言います。

むぎさんだけではなく、今まで「したこと」ではなく、「属性」つまり「自分自身では変えられないこと」で恋が終わった人はたくさんいます。

「国籍」「人種」「家柄《いえがら》」「出自《しゅつじ》」「階級」、さらには、「身長」や「容姿《ようし》」、場合によっては「家族のした事」「親の経済状態」も含まれます。

これらは、すべて「本人がしたこと」ではなく、「本人が変えられないこと」です。

自分ではなかなか変えられないこと、変えることが不可能なことが原因で恋が終わるからこそ、悲しみや、やるせなさ、つらさがいっそう強まるのだと僕は思います。

でもね、むぎさん。昔から、家柄や出自、貧富《ひんぷ》の差や人種で多くの恋が破れてきたけれど、それらの「属性」を超えて、結ばれた恋もたくさんあったと思うのです。

親や親戚の反対、世間《せけん》の冷たい目とぶつかりながらも、恋を貫《つらぬ》いたカップルは世界中で多くいたでしょう。

むぎさんのようなトランスジェンダーの男性で、ストレートの女性と結婚したカップルもいたでしょう。

だから、自暴自棄になって死ぬことはないと、僕は思います。

こんな言い方、強引だと思いますか。

でもね、むぎさん。僕は一時的ななぐさめでも気休めでもなくて、本当のことを言っていると思っています。

「属性」の抑圧に負けてしまった人もいるし、「属性」を問題にしなかった人もいる、それが事実だと思うのです。

今はつらいでしょう。

でも、失恋の苦しみは、のたうって、わめいて、苦しんで、うめきながら吐《は》き出すしかないと僕は思っています。

「どうしたら私は彼女を手放す事ができるでしょうか」と書かれていますが、毎日、ボーッとして、ヤケになって、苦しんで、他のことで気を紛《まぎ》らわして、それでも思い出して泣いて、叫《さけ》んで、少しずつ少しずつ、忘れていくことしか、失恋の治療はないのです。

そういう日々を過ごしていくうちに、別れた相手のことをゆっくりと冷静に見られ

るようになっていくと思います。

好きになると、相手の魅力ばかりに目が行くでしょう。すべてが素敵《すてき》なことに感じますが、やがて、相手の長所や愛《いと》しさと同時に、欠点や弱さも落ち着いて見つめることができるようになると思います。


そうなれば、失恋の治療は終了です。

それまでは、うんうんと唸《うな》りながら、苦しみながら、のたうちながら、生きていく。今は、冷静に考えられないので、いろいろと自暴自棄になりがちですが、「治療」が終わる日はきっと来ます。やがて、次の恋に向かっていく気力も生まれる日は必ず来ると、僕は思っています。

むぎさん。ファイト。

相談8

母は要介護5の難病ですが、福祉サービスを嫌《いや》がり、困ってます

39歳・女性　まあこ

鴻上さん、こんにちは。

私の母（70歳）は難病で要介護5の寝たきりです。父（75歳）が面倒《めんどう》をみてます。認知症は発症していません。

両親が頑《かたく》なに福祉サービスを受け付けてくれなくて困ってます。ケアマネジャーともろくに口をききません。他人が家に入るのをとても嫌がり、デイケア、ショートステイも試しましたが、職員さんたちのアラばかり探し、文句を言って二度と行かないと頑なです。

父が特にひどくて、「あいつらは人を下に見てる」とか「憐《あわ》れみを受けたくない」みたいな酷《ひど》い発言が多いです。肝心《かんじん》の母は、体が動かないから四六時中側《そば》に父が居《い》て

くれる今の状況にできるだけいたいようです。ただ父も高齢で体が心配です。

実は私は去年まで同居して手伝っていましたが、15年以上介護と家事と仕事で目まぐるしい毎日だったのでうつ病を発症してしまい、会社を解雇され現在一人暮らしで療養中です。

自分の体調を回復させ、また仕事を探さないといけないのに、両親のことが心配で苦しくてなかなか精神が安定しません。

二人を説得して福祉の力を借りることはできないのでしょうか？　もうやりたいようにやらせておくしかないのでしょうか？

兄弟妹は結婚して遠方なので力は借りられません。

ご意見をお聞かせください。よろしくお願いします。

まあこさん。大変ですね。昔気質《むかしかたぎ》の人には、福祉サービスを受けることをよしとしない、行政の保護を受けることを恥《は》ずかしいと思う人が一定数、いらっしゃいますよね。
どうしてなんでしょうねえ。自分が本当にダメな人間になった、無用な存在になっ

たと思ってしまうのでしょうか。それとも、「世間様《せけん》」から後ろ指を指《さ》されると思っているのでしょうか。「公助《こうじょ》」に頼るのは国民の恥《はじ》で、「自助《じじょ》」でやり抜くことが正しいと思っているんでしょうか。

でも、福祉サービスも生活保護のお金も税金で運営されていますが、税金は国が国民にほどこすものではなく、まあこさんの親や国民一人一人が一生懸命《いっしょうけんめい》働いて、「自分達のために使って欲しい」と思って納《おさ》めたものなんですよね。「年貢《ねんぐ》」と「税金」の違いですね。

だから、それを自分が弱った時に使うのは、当り前のことで、税金の正当な使い道を要求するのは、国民のまっとうな権利ですね。

でも、頑固《がんこ》なまあこさんの両親、特に父親に言っても通じないんですよねえ。

僕のアドバイスとしては、とりあえず今は父親の好きなようにさせておくしかないと思います。

というのは、今、父親は言えば言うだけ頑なに、頑固になるような予感がします。まあこさんやケアマネさんが言えば言うほど、かえって意地になって心を閉ざすと思えます。

でも、75歳が「要介護5」の70歳の面倒を見る「老老介護」ですから、間違いなく近いうちに、父親が負担の重さに悲鳴《ひめい》を上げる時がくると思います。

早くて1年以内、長くても2、3年のうちには、父親が介護に疲れ果てる時期がくるでしょう。父親が気持ちを変えるとしたら、その時期なんじゃないかと僕は思います。

といって、完全に疲れ果てると正常な判断力を失ってしまい、取り返しのつかないことになってしまうかもしれませんから、「しんどい。なんとかしたい。どうしたらいいんだ」と迷い始めた時が説得できるチャンスだと思います。

それまで、まあこさんは黙《だま》って父親の状態を見続けるのがいいと思います。定期的に実家に行き、でも、福祉サービスのことはなにも言わず、ただ、両親の状況を観察するのです。

母親は要介護5でも認知症は発症してないんですよね。母親とはどれぐらいコミュニケイションできますか？　やがて、父親が疲れ始めた時に、「お父さんを楽《らく》にするために、福祉サービスの世話になるのはどう？」と、父親のいない所で話すことはとても大切だと思います。「自分のせいで夫が疲れ果てていく」という状態を深く受け止めれば、母親の方から「福祉サービス」を受けることを父親に提案する可能性もあります。

僕の父親は元教師でとても頑固でした。「要介護3」の時に、ある福祉サービスの施設に行った時は、「俺を子供扱いした！」とぷりぷり怒って帰ってきました。それでも、母親の負担になるからと僕は福祉サービスを受けるように何回も言いました。実際に母親は父親の世話で疲れ切っていたのです。でも、母親は昔のタイプですから、ぐっと我慢《がまん》して自分から福祉サービスを受けて欲しいとは言いませんでした。

僕は何カ所か、まずデイサービスの施設を調べ、ケアマネさんとも相談して、ショートステイを含めて父親に行ってもらいました。父親は母親の疲弊《ひへい》を実感していたのです。

父親は3カ所は嫌いましたが、たった1カ所、とても気に入った所ができました。やがて、週に2回から3回、その施設に行くことを本当に楽しみにするようになりました。

どんな福祉サービスを受けるかの適性と施設そのものとの相性《あいしょう》もあると思います。それから、ケアマネさんとの相性もあります。

今はまあこさんの父親は、言えば言うほど心を閉ざす状態だと思います。ですから、つかず離れず見守りながら、ちょうどいいタイミングで、福祉サービスを提案することをお勧《すす》めします。

それまでは、まだしばらく時間があると思いますから、まあこさんは自分の生活を立て直して、回復する時期にしてはどうでしょうか。今の間に休息して、体調を回復するといいと思います。

うまくいくことを心から願います。

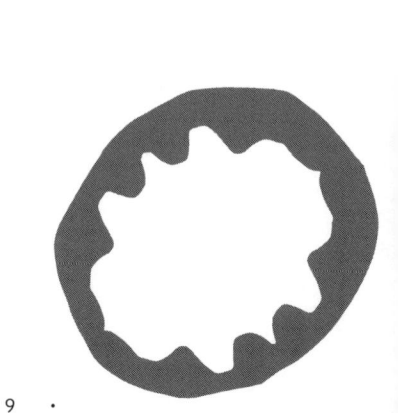

相談9

執着《しゅうちゃく》してしまう同性の友人がいます。恋心と執着の違いとは何でしょうか

26歳・女性　やまね

私は今、恋心と執着の違いで悩んでいます。

今年で27歳ということもあり婚活《こんかつ》を行っています。しかし異性とデートはしても恋愛まで発展することはなく、好意を伝えられてもお断りを続けてきました。家庭を築《きず》きたいという意思はあるものの、誰にでも良い顔をしてしまうあまり、まるで接待をしているような気分になってしまいます。そもそも友人関係も広く付き合うことが苦手で、狭《せま》く深くの関係が多いです。

そんな私ですが、執着してしまう同性の友人が一人いるのです。その子と一緒《いっしょ》に居《い》ることが何より楽しく、気をつかわずに会話することができます。しかしその子には私以外にも沢山《たくさん》友達がいることもあり、寂《さび》しさを感じてしまいます。その子が誰と旅

行へいったか、何をしているかも気になってしまう始末《しまつ》です。

このことを別の友人に相談したところ、「それが恋じゃないの?」と言われ余計《よけい》に困惑《こんわく》してしまいました。異性同性問わずこのような感情になったことがなく、年甲斐《としがい》もなく悩んでいます。恋心と執着の違いとは何なのでしょうか。

やまねさん。恋心と執着の違いですか。「執着」とは、広辞苑《こうじえん》によると「強く心をひかれ、それにとらわれること。深く思い込んで忘れられないこと」となっていますね。例文は「金に執着する」「執着心」です。

「恋心」は、「こいしたう心」で、「恋」を見ると、「一緒に生活できない人や亡くなった人に強くひかれて、切《せつ》なく思うこと。また、そのこころ」となっています。

広辞苑ですから、ちょっと定義が古風で和歌に詠《よ》まれるような「かなわぬ思い」がメインになっていますが、執着も恋も「ひかれる」という定義は共通ですね。

では何が違うか。広辞苑の定義で言うと「切なく思う」かどうかですね。

つまり、「執着」という大きな集合があって、その中で「切なく思う」という部分が「恋」ということでしょう。

金に執着したり、地位に執着したり、食べ物に執着している時、そのことを思うだけで、切なくなって、甘酸《あまず》っぱい気持ちで胸がキュンとするかどうか、ですね。

お金に執着しても、お金のことを思って「切ない気持ち」になることは、あまりないんじゃないでしょうか。お金が欲しくて欲しくて身悶《みもだ》えしている時は「胸キュン」はしないでしょうし、増えていく通帳の数字を見ても、ワクワク・ゾクゾクしても、甘酸っぱい切ない気持ちに悶えることはないと思います。あ、残高が減ってしまった明細《めいさい》を見ると生活の心配をして切なくなりますが、キュンとはしませんね。

やまねさん。その友達のことを思ったら、切なくなりますか？　胸がキュンとして、甘酸っぱい気持ちになりますか？　それとも、お金が欲しい時のように、ただ会いたい・話したいと「自分の欲求」に身悶えするだけですか？　会えないと苦しいだけですか？　その中に切ない気持ちは入っていませんか？

「その子が誰と旅行へいったか、何をしているかも気になってしまう始末です」と書かれていますが、その時の気持ちは苦しみだけですか？　切ない気持ち、甘酸っぱい気持ち、胸がキュンとする気持ちは感じていませんか？

もし、苦しみだけなら、それは執着心です。お金や食べ物に対する執着と同じ種類のものです。もちろん、執着心だからといって問題は簡単ではないでしょう。お金に対する執着を減らすように、いろいろと苦労すると思います。

ところで、やまねさんは、その友人のことを毎日、どれぐらい思っていますか？

なにかあると、いつもその友人のことを思い出しますか？

どこかに行って、素敵《すてき》な風景を見たり、美味《おい》しいものを食べた時、「ああ、（友人）に見せたい。（友人）と一緒に食べたい」と思いますか？

新しい洋服を買った時、一番最初に誰に見せたいと思いますか？

もし、素敵な風景を見たり、楽しい体験をしたり、美味しいものを食べたり、洋服を買った時に「あの人と来たい。あの人と一緒に経験したい。あの人と一緒に食べたい。あの人にこの洋服を見せたい」と思ったら、あなたはその人に恋をしています。

その人と話したい、その人と一緒にずっといたい、その人と共に喜びたい、その人と共に食事をしたい、その人と同じ風景を見たい、その人に自分の姿を見てもらいたいと思ったら、それは恋です。

だって、その時は、その人のことを思うだけで、胸が切なくなってキュンとしているはずですから。

もし、苦しみだけじゃないのなら、やまねさんは、その友人のことを思うだけで、胸がキュンとするんじゃないですか？

ですから、やまねさん。僕は友人の言っている「それが恋じゃないの？」という言葉に賛成します。

でも、やまねさんはそう言われて困惑したのですよね。その気持ちも、もちろん理解できます。でも、自分の気持ちに正直になることが、今は一番大切なんじゃないかと思います。

もしキュンとして切ない気持ちになるのなら、まずは、正直に「これは恋」と認めることから始めるといいと思います。そこからは、どんな展開が待っているか誰にも分かりません。

でも、そこから始まるしんどさとか苦労と、「恋じゃない。ただの執着」と自分に言い聞かせ続ける苦しさを天秤《てんびん》にかけたら、間違いなく、「執着なんだ」と言い聞かせる苦労の方が大きいと僕は思います。そうすることは、長くやまねさんを苦しめると思います。

やまねさん。「これは恋」と認めると、何が人生で待っているのか。どんな結論になるのか。それは、分かりません。友人に告白してあっさり振られるかもしれません。交際が始まるかもしれません。そのまま、家庭を築ける可能性も、もちろんあります。同性を好きなのではなく、その友人だけが特別に好きなのかもしれません。やがて同性だけではなく異性も好きになるのかもしれません。

どんな結論になっても、自分に正直に生きることが一番大切だと思います。だって、やまねさんは、まだまだ若いんです。26歳で「年甲斐もなく悩んで」なんて書いているので驚きました。こんな表現はあと50年は先に使って下さい。

若いということは、いろんなことがこれから起こる可能性があるということと、それに対応するエネルギーが身体に満ちているということです。なにより、若いということは、これから長い人生が待っていて、その長い人生を満足するように生きるために、試行錯誤《しこうさくご》できる時間がたっぷりあるということなんです。

うんと正直に、うんと試行錯誤して、うんと前向きに生きていくことをお勧《すす》めします。

相談10

大学卒業後、勤《つと》めた会社は数多く、長くても4年ほどしか続きません

36歳・女性　ミニトマト栽培中

今年37歳になる既婚《きこん》女性です。

いつも楽しく、たまに涙しながら皆さんの相談を拝見しています。

私の悩みを聞いてください。それは、仕事が長続きしないことです。少し前まで医療事務の仕事をしていましたが、もうすぐ1年というところで辞《や》めてしまいました。

大学卒業後、勤めた会社は数多く、長くても4年ほどしか続きません。

どの職場でも、女性特有?の無視をする人がいるとか、はっきり言えばいいのに裏でコソコソしているとか、業務内容ではなく人間関係に悩むことが多いです。また、限られた時間の中でしっかり働いてさっと帰りたい派の私にとって、業務とは到底《とうてい》思えない謎《なぞ》のイベント（卓球大会、休日に無給で事業計画発表会、時間外に無給で委員

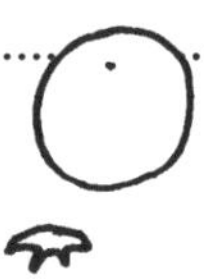

会）は苦行《くぎょう》でしかありません……他の人もそう思っているのに、上が言うから、みんなが参加するからせねば、という雰囲気《ふんいき》です。次また就職出来ても、また上記のような職場では……と疑心暗鬼《ぎしんあんき》になっています。新卒からずっと同じ仕事を続けている夫には「気にしすぎ」「すぐに決めてもまた辞める（だから当分ゆっくりしたら）」と言われ、モヤモヤしてしまいます。

もうフリーランスになるか起業するしかないのかと夢のような想像をしたり、働きたい！　何かしたい！と思っているのに、自分は仕事もせず社会不適合者だ……と1人で思い悩んだりしています。

鴻上さん、仕事が長続きするコツってありますか？　こんな私にエールをお願いします。

ミニトマト栽培中さん。そうですか、ミニトマト栽培中ですか。ミニトマトはいいですねえ。名前が長いので、ミニトマトさんと呼びますね。

ミニトマトさんは自分のことを「社会不適合者」と呼ぶ必要はないと思いますよ。

あえて言えば、とても自分に正直で信念を持った人だと言えると思います。

自分にとって大切なことがはっきりしていて、譲《ゆず》れないものは譲れない、許せないものは許せないと決めているということでしょう。

その生き方は、良いとか悪いとかではなく、正しいとか間違っているでもなくて、ミニトマトさんが選んだ生き方なんだと思います。

たいていの職場では、「女性特有？の無視をする」人や「裏でコソコソしている」人がいます。また、多くの職場では、「業務とは到底思えない謎のイベント」が続いているでしょう。そういう職場では「謎ルール」も多いのです。

それに対して、我慢《がまん》する人、諦《あきら》める人、抗議する人がそれぞれにいます。「世間《せけん》」ということをずっと問題にしている僕からすると、「謎イベント」「謎ルール」が多ければ多いほど、その組織は「世間」が強く残っていて、メンバーは息苦しく感じているだろうと思っています。

でね、ミニトマトさん。

「仕事が長続きするコツってありますか？」と書かれていますが、一番長続きするコツは「我慢すること」です。ただ我慢するだけだとストレスがたまりますから、その職場の「良いこと」と「嫌《いや》なこと」を天秤《てんびん》にかけて、「良いこと」が多い限りは、我慢することです。

「給料が良い」「オフィスが近い」という良い点が二つあって、でも「上司がパワハラ」「同僚が陰口《かげぐち》好き」「サービス残業がひどい」と悪い点が三つになってしまったら、やめるということです。

もちろん「上司のパワハラがひどすぎる」という場合は、ひとつでも三つ分ぐらいの悪いことですから、良いことが四つないと続きませんね。

で、次の長続きする方法は「なんとか労働環境を改善しようとしてみる」です。上司のパワハラがすごければ会社のしかるべき場所に報告するとか、謎イベントが多い会社なら、出世して徐々《じょじょ》に減らそうとするとか、できる範囲で会社の環境を変えることです。

でも、転職した新参者《しんざんもの》だとなかなか変えられないという場合は、やめるしかないでしょう。

「フリーランスになるか起業するしかないのか」と書かれていますが、そうなっても「理不尽《りふじん》なこと」はあります。会社勤めより、フリーランスや起業した場合の方が多く経験する場合もあるでしょう。一人で全部の責任を引き受けるということですから。

嫌な上司がいない分だけ、理不尽なクライアント、理不尽な雑事《ざつじ》に直接さらされるわけです。

でね、ミニトマトさん。僕はミニトマトさんが「一番大切にしていること」に従《したが》えばいいと思うのです。

どんなに働きたくても、「納得《なっとく》できないこと」があって、それを我慢できないのなら、やめた方がいいと思います。それをグッと我慢していると、精神衛生上もよくないです。

探し続ければ、「女性特有？の無視」や「裏でコソコソしている」や「謎イベント」がない、ミニトマトさんが納得する職場があると思います。それまでは、経済的な必要もあるでしょうから、働いてはやめて、また働いてはやめるという試行錯誤《しこうさくご》を続けるのです。

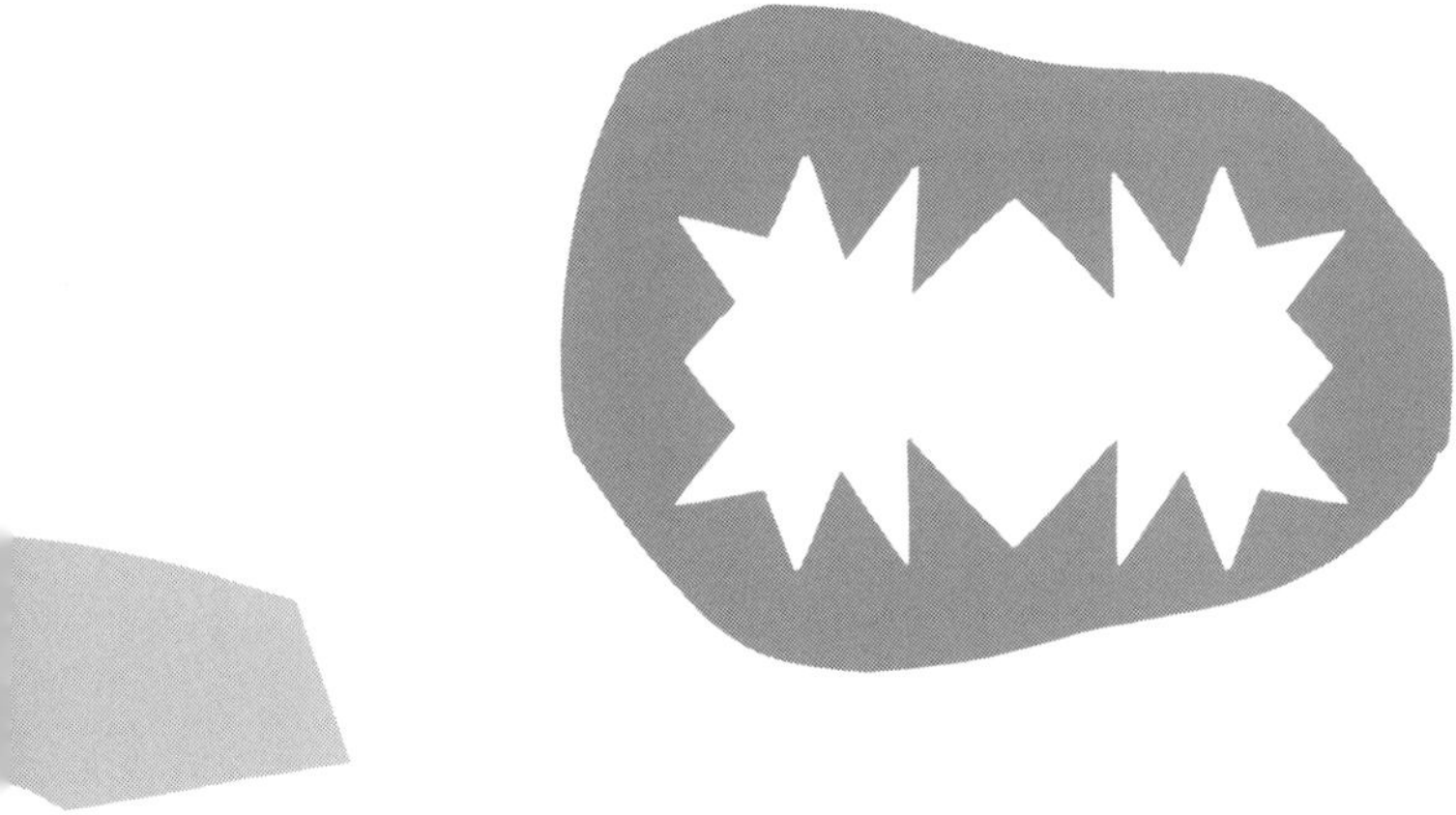

やがて、「ここだ！」という職場が見つかれば幸せですし、「まあ、問題はあるけど、良い点の方が多いからいいか」という職場や「問題はあるけど、少しずつ改善されているから」と思う職場と、時間はかかっても出会える日がきっとくると思います。

「私は失敗したことはない。なぜなら、成功するまで続けるからだ」なんて言葉があります。諦めず、コツコツと続ければ、きっとなんとかなるでしょう。なるはずです。なるといいな。なることを祈ります。

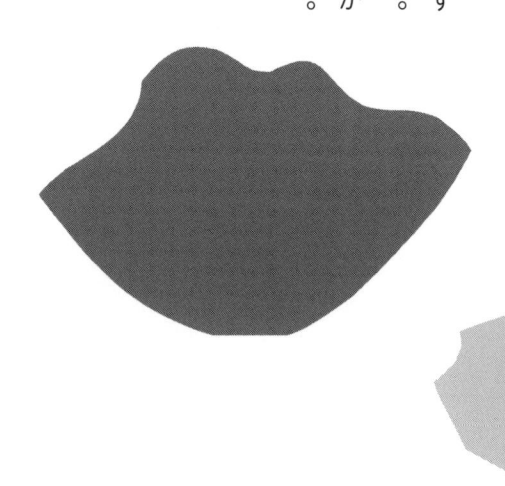

相談11

3歳の娘に対する夫の態度が大人《おとな》げなく、なんとかしたいです

30歳・女性　あき

3歳になる娘に対する夫（35歳）の態度が大人げなく、またそれを本人が正当化し私や他人の意見に全く耳を貸しません。

具体的には、入浴や寝かしつけで「パパはいや」と言われただけで激怒《げきど》し「二度と面倒《めんどう》を見ない！　お前なんか嫌いだ！」と子どもに怒鳴《どな》る、大きな声を出したり駄々《だだ》をこねて泣いたりすると「うるさい！　パパはうるさいのは嫌いなんだ。静かにしろ。大声を出す必要なんかないじゃないか！」とイライラする……といった感じです。「まだ3歳なんだから」と言うと「お前には嫌われる悲しさが分かっていない」「大声などは迷惑だからしっかりしつけなければ駄目《だめ》だ」と取り合わず、むしろ私にも怒りを向けてきます。子どもが（彼にとって）扱いやすいときなどはコロッと態度が変わ

り機嫌《きげん》良く遊んだりしています。

本人の精神状態が幼いのでしょうか。子どもも可哀想《かわいそう》ですし私もストレスなので何とかしたいのですが、良い方法が分からず悩んでいます。

あきさん。困りましたね。「本人の精神状態が幼いのでしょうか」と書かれていますが、僕もそうだと思います。

「『パパはいや』と言われただけで激怒し『二度と面倒を見ない！　お前なんか嫌いだ！』」と反応し、でも、「扱いやすいときなどはコロッと態度が変わり機嫌良く遊んだり」しているのは、あきらかに幼い精神状態でしょう。

なおかつ、「本人が正当化し私や他人の意見に全く耳を貸しません」ということなんですよね。

僕は、これはかなり深刻な状況だと思っています。

娘さんは父親に対して怯《おび》えていませんか？　父親が望む子供になろうとしていませんか？

残念なことに、このまま娘が成長をしていくと、もっともっと父親として納得《なっとく》ができないことが増えていくでしょう。「しっかりしつけなければ駄目だ」という言葉で、娘さんを抑圧《よくあつ》していく可能性がかなり高いと思います。娘さんとの対立も深刻になっていくでしょう。

「お前には嫌われる悲しさが分かっていない」という言い方は、僕には意味不明です。3歳の娘の反応に対して「嫌われる悲しさ」という表現を平気でできるのは、精神状態が幼い上に、とても自己中心的な考えを感じます。

子供ができる前はどうでしたか？ その時は、幼いとは思いませんでしたか？ 何か思い通りにならないことがあったら、機嫌が悪くなったり爆発したりしなかったんですか？ 子供にだけ、そうなんでしょうか。子供にだけ、幼い反応を示しているのなら「溺愛《できあい》」という表現で言えるかもしれません。でも、どうも、そうではないような気がしますが。

あきさん。いずれにせよ、この状態を変えるしかありません。

あきさんは、このまま娘に対する態度が変わらなければ離婚を考えていますか？

それとも、離婚はまったく考えていないですか？

もし、まったく考えていないのなら、あきさんの踏《ふ》ん張《ば》りどころとなると思います。

夫の態度を変えるしかありません。子育ては「自分が嫌われるかどうか」なんてことは関係ないこと。3歳だろうが4歳だろうが5歳だろうが、子供は大きな声を出すこと。それが子供だということ。自分の機嫌の良い時と悪い時で娘に対する接し方を極端《きょくたん》に変えてはいけないこと。一番大切なことは3歳児として「迷惑をかけないこと」ではなくて、3歳児としてすくすくと育っていくこと。

それを粘《ねば》り強く、諦《あきら》めないで、ぶつかって、戦って、時には子供を抱《かか》えて実家に避難しても、つらくて泣いてしまっても、夫を説得するしかないと思います。それ以外には、良い方法はないと僕は思います。というか、それしか方法はないでしょう。ガチンコで対話するだけだと疲れますから、同時にいろいろと方法を考えましょう。

義母・義父とあきさんの関係はどうですか？　夫の性格について、フランクに話せる関係ですか？　それとも、そんなことは話せませんか？　もし、いろいろと話せる関係なら、夫との対話のヒントが見つかるかもしれません。夫の性格が義母・義父の育て方にあるようなら、義母・義父はどんなコミュニケイトの仕方をしているかは参考になるでしょう。

「他人の意見に全く耳を貸」さない夫ですが、育児書とかを読ませる機会はありますか？　読んでくれそうですか？　夫の先輩や上司で、子供を持っている人はいませんか？　女性だと一番いいですが、男性でも「子供ってのはそういうものだよ」と教えてくれる人はいませんか？　父親のしつけが厳しくてずっと許せないと思っている娘さんの相談に答えた回（「一冊の本」２０２０年６月号、単行本『ますますほがらか人生相談』の相談19）を読んでもらうことは可能でしょうか？

僕はあきさんにとても苦しいことを提案しています。でも、今、この苦しさから目を背《そむ》けると、将来、何倍もの苦しさになることが予想できます。なぜなら、娘さんはどんどん成長し、自分を主張し、夫はますます、許せないと感じると思うからです。

あきさんが夫と末永《すえなが》く暮らしたいと思っているのなら、それも良好な関係で続けたいと思っているのなら、そしてもちろん、娘の幸せを願うのなら、粘り強く対話し続けるしか方法はないと思っているのです。

苦しいですが、踏ん張って下さい。あきさんの奮闘《ふんとう》を心から応援します。

相談12

10年以上前に絶縁《ぜつえん》した父が末期ガンだと連絡を受けました

33歳・女性　おみお

鴻上さん、はじめまして。

私はモラハラ、暴言、借金、アルコール中毒などの問題を抱《かか》えた父と10年以上前に絶縁し、今まで無関係に過ごしてきました。ですがこの度《たび》、末期ガンだという連絡を受け、会いに行くかどうかを悩んでいます。

というのも私は、仕事で文章を書きながら趣味で小説を執筆しておりまして、父が死を目前に何を思っているのかを「取材」し、あわよくば自分の作品に反映させたいのです（散々《さんざん》な目にあってきたのだから、作品のネタにくらいさせてもらわないと割《わり》に合わない、という思いもあったり……）。

ですが、かつて父には幾度《いくど》となく傷つけられ、立ち直るのに時間を要してきました。

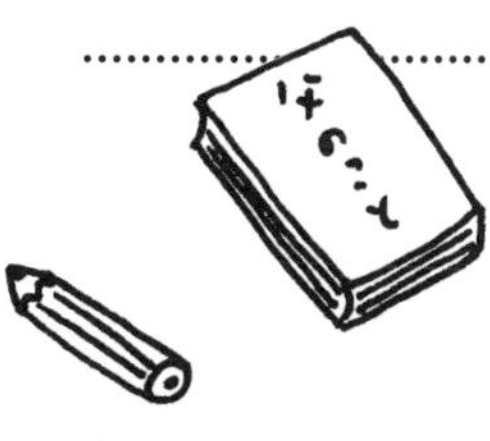

また同じことになるのでは、という不安もあります。

自分の心を守りつつ、毒親《どくおや》を客観的に「取材する」心得《こころえ》がありましたら、ぜひご教示ください。


……………

おみおさん。大変な目にあいましたね。おみおさんの書く、「散々な目にあってきたのだから、作品のネタにくらいさせてもらわないと割に合わない、という思いもあったり……」という気持ち、分かりますよ。

特に、文章を生業《なりわい》にしていて、なおかつ小説を書くのが趣味な人なら、そう思うのは自然なことだと思います。

でね、おみおさん。おみおさんは、父親を客観的に「取材」して、どんな小説（作品）を書きたいですか？

父親とは関係のない作品に末期ガンで亡くなる人物を登場させるための取材ですか？

それとも、毒親だった父親が最後にどんな言葉を言うかを記録した発言集ですか？

それとも、末期ガンの人の一般的なレポートですか？

それとも最期《さいご》を迎える毒親に関する軽いエッセー風の読み物ですか？　おみおさんも文章を書いているのなら、分かると思いますが、取材もいろいろあります。

ただ相手の話を黙《だま》ってきき、想定外の質問はせず、相手の言葉を録音して終了という取材もあれば、質問を連発し、相手の心の奥深くまで飛び込み、相手と取っ組み合いながら、相手の真実を引き出す取材もあります。

すべては、どんな文章を書くかで決まってくると思います。

もし、おみおさんが、父親と深く関わらず、「軽い読み物」としての作品を書くための「取材」だったら、おみおさんが深く傷つくことを避《さ》ける方法はあると思います。

ＩＣレコーダーかスマホを父親の前にポンッと置いて、相手が何を言おうが決めた質問を続けるのです。

「今の気持ちは？」「末期ガンになったことをどう思う？」「娘にインタビューされる気持ちは？」。父親が何を言っても、父親の言葉に関心を持ってはいけません。反論するとか、否定するなんてもってのほかです。ただ、黙々と質問を続けるのです。

それでも難しいようなら、ＩＣレコーダーを置いて、質問の紙を渡し、その場から去る、という方法もあるでしょう。「これに、答えを吹き込んでおいて」と頼むのです。

ただし、こういう「取材」で得られる情報は、残酷《ざんこく》なようですが、「読者にとってあまり面白《おもしろ》いものではない」ということは、文章を生業にしているおみおさんなら分かると思います。

俳優やタレントさんへのインタビューで、公式コメントだけを並べて終わらせたものがあります。発言をただそのまま書き写した文章です。それは、面白いものではありません。

でもまれに、相手に肉薄《にくはく》し、公式コメントの裏側にある真実の感情を感じるインタビューがあります。こちらの方が圧倒的に面白いのです。

新製品のマニュアルとか料理のレシピ、お店の開店情報なんてのは、相手の懐《ふところ》に飛び込まなくても、一般的な「取材」で書けると思います（もちろん、飛び込むことでもっと面白くなる可能性はありますが）。

おみおさん。もし、おみおさんが、「私が書きたいのは軽い作品ではない。私と父親の人生を正面から描いたものなんだ」と思ったとしたら、「自分の心を守りつつ、毒親を客観的に『取材する』心得」は、残念ながら、ないと思います。

「父が死を目前に何を思っているのか」を知るためには、「相手の懐」に飛び込むしかないでしょう。そうしないと相手も本当のことは話してくれないと思います。

でもそれは、おみおさんが自分の心と向き合うことでもあります。

自分の心に正直だからこそ、自然に質問が浮かびます。父親の言葉に対しての疑問も浮かびます。もっと聞きたいことも浮かびます。でもそれは、間違いなく、おみおさんの苦しかった日々を思い起こさせることになると思います。

本当に残念ですが、人生の真実を描いた小説は無傷で書くことはできないのです。

小説が感動的かどうかと、作者が小説を書くためにどれぐらい傷ついたかは、密接な関係があると僕は思っています。

相手のことを書くことは、じつは自分をさらけ出すことであり、相手を見つめることは自分を見つめることです。

そうしなければ、感動的な小説は書けないと僕は思っているのです。

おみおさん。僕がおみおさんの相談に回答したいと思ったのは、何度も書くようにおみおさんが「仕事で文章を書きながら趣味で小説を執筆」しているからです。

文章を生業としている人なら、自分の書いた小説が一冊の本となり、一定の読者を獲得することを夢見るでしょう。それはしごく当然な希望だと思います。

ただ、読者の反応は、「軽い毒親レポート風小説」よりは「自分にとって父親とはなんだったのか？」に焦点《しょうてん》を当てた小説の方が間違いなく大きいだろう、ということを理解してもらえると思います。

誤解しないでくださいね。だから、そういう小説を書けと言っているのではないですよ。

僕は2年前に母親を亡くしました。その前の年に父親を亡くしました。毒親ではありませんでしたが、二人のことを書きたいなと思いながら、なかなか、筆が進みませんでした。衝撃が大きくて、作品として成立させられなかったのです。

ようやく、母親が死んで1年半後に、僕は小説を書き上げることができました。それだけの時間が、僕には絶対に必要だったのです。

おみおさんもやがて、父親のことを正面から書きたいと思う日が来るかもしれません。もちろん、その書き方はいろいろです。私小説風ではなく、まったく違う物語、例《たと》えばファンタジーの設定で父親的な登場人物が現れるとか、推理小説の登場人物として描く、なんてこともあるかもしれません。

でも、今はおみおさんと父親の物語として描くのは、とても難しいんじゃないかと僕は思います。父親に対する感情に振り回されている時には、ちゃんとした小説は書けないでしょう。

もちろん、どこにも発表するつもりはない。ただ、父親の最期を他人の目で軽く描写したいんだ、というなら話は別です。

どちらのタイプの小説を選ぶかは、どれぐらいおみおさんが「小説を書くこと」にこだわっているのかで決まると思います。昔風の言い方をしたら、「小説を書くことに命をかけているかどうか」です。

小説に命をかけてないのなら、真正面から父親との関係を描く小説を目指す必要はありません。

それは、どちらが正しいとか間違っているという話ではありません。プロのサッカー選手になろうとする人と、サッカーを純粋に楽しみたいという人の違いです。どちらが正しいなんてないでしょう。

最後に父親に会いに行った方がいいのか、最後まで会わない方がいいのか、それも僕には分かりません。

これもどちらが正しいとか間違っているということではないと思います。

おみおさん。これが僕のアドバイスですが、どうですか？

相談13

出産と海外就労制度のはざまで胸が苦しくなります

35歳・女性　豆太郎

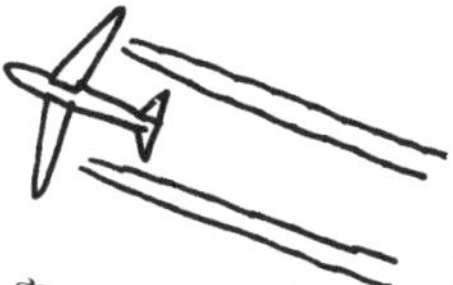

鴻上さん、こんにちは。いつも的確なアドバイスで、尊敬しています。

私は社会人11年目で、これまで仕事をがむしゃらにやってきました。楽しく、やりがいもあり、このまま成長を目指していきたいです。がんばってきた甲斐《かい》があってか、来年度、海外の事務所で働く海外就労権利を会社からもらうことができました。海外就労制度は新入社員時代からいつかは行きたいと思う憧《あこが》れの制度で、希望者が全員行けるわけではないので、いつか選ばれたいと思いながら働いてきました。

ただ、私は現在35歳。期間は1年なので、帰ってきたら37歳です。結婚して2年目です。夫はいつか子どもが欲しいと思いながら私がプロジェクトに邁進《まいしん》しているのを見て、そのプロジェクトが終わるまではと待ってくれていたようです。

海外渡航《とこう》の権利をもらえたこと、行きたいことを伝えると、賛成も反対もしていないような反応で、部屋にこもってしまいました。子どものことは直接言われていませんが、きっとそのことを考えていると思います。

私自身、周りの友達がどんどん出産し、焦《あせ》りの気持ちも大きく、芸能人であっても同世代の人の出産を見ると少し気持ちが沈《しず》みます。ただ、やはり海外で挑戦したいのです。

子どもがいないことを一生後悔するのか、海外赴任《ふにん》しなかったことをずっと後悔するのか、考え始めると嬉《うれ》しいはずの権利が枷《かせ》となって胸が苦しくなります。

鴻上さんは人生の決断をどうやって決めてきましたか。教えてほしいです。

豆太郎さん。大変ですね。この質問を、自分のことのように感じて胸を痛めている人も多いと思います。
「鴻上さんは人生の決断をどうやって決めてきましたか」という質問ですね。
この連載でも書きましたが、僕は「悩むことと考えることを区別する」という原則で二十代を過ごしました。

悩むと時間だけは過ぎていきます。が、やれることはなにも浮かびません。が、考えれば、少なくともやることは浮かびます。それがうまくいくかどうか分かりませんが、とりあえずなにかやってみようと思うことが浮かぶのです。

ところが、三十代になると、ちゃんと考えているのに、分からなくなることがでてきました。「悩むことと考えること」の対立ではなく、「考えることと考えること」が対立するようになったのです。

どちらも同じぐらい正しくて間違っていると感じることです。どちらを選んでも同じぐらい後悔するだろうと思えることです。

これが「大人の課題」なのだと思いました。「悩むことと考えることを区別する」のは「青春の課題」で、「考えることと考えることを区別する」のが本格的な「大人の課題」だと思ったのです。

「どっちを選ぶのが正しいんだよお！」と人前で叫《さけ》び出したい誘惑をぐっとこらえ、分かってるもんねーなんて顔をして、ドキドキしながら選択していくことが増えてきました。

さて、豆太郎さん。「考えることと考えること」を区別するようになって、結局、僕がしたことは二つの「考えること」の違いを考え抜くことでした。

つまりは、じっくりゆっくりとことん考えて、ほんの少しの小さな違いを見つけ出すということです。諦《あきら》めず、粘《ねば》り強く、いろんな角度で考えて、二つの「考えること」のささいな違いを見つけ出そうとしたのです。

豆太郎さんのケースなら、「海外で働くこと」と「子供をつくること」のどちらも切実《せつじつ》な願いです。

これが「青春の課題」なら、じっくり考えれば、「自分はどちらを希望しているのか」が明確になってきます。世間体《せけんてい》とか親の期待とかプライドとか、いろんなものがじっくりと考えることでゆっくりとはがれていくのです。

でも、「大人の課題」は、どちらも同じぐらい希望していると結論するのです。

そうなったら、次に考えるのは「二つは絶対に両立しないのか？」です。

豆太郎さんは36歳で海外に1年行きます。そのままだと妊活《にんかつ》は37歳以降になるということですね。でも、37歳以降だと、妊娠は絶望的なのでしょうか。

37歳以降で妊娠の可能性はゼロでしょうか？　だとすれば、どちらかを選ばなければなりません。

でも、僕は37歳以降でも、妊娠の可能性は全然ゼロではないと思います。

もちろん、35歳で妊活を始めた方がいろいろと有利かもしれません。でも、35歳で妊活を始めても、結局、妊娠したのは37歳だった、というケースも珍《めずら》しくないと思います。

妊活の種類も問題になるでしょう。月に一回の妊活でなんとかなるのか、どちらかのコンディションが問題で人工授精を考えなければいけないレベルなのか、それも調べておく大切な問題だと思います。

もし、月に一回の妊活でなんとかなるレベルなら、例《たと》えば海外に行くけれど、最後の三カ月、夫が毎月定期的に豆太郎さんと会うという方法もあるかなと思います。夫の負担は大きいですが、観光旅行とか息抜きをかねて来てもらって、お互い、がんばるのです。それでうまくいけば、36歳のうちに妊娠できるのではないかと思います。

豆太郎さん、どうですか？　僕はこうやって「人生の決断」を決めてきました。

もちろん、考えても考えても、どちらが正しいか分からないということはあります。どちらも希望していて、どちらも大切だと思って、でも二つは両立しないケースです。

そういう時は、僕は考えることをやめて、もちろん、悩むこともやめて、あっけらかんと運に身を任せます。

「道を歩いていて次に出会う人が男性ならA案、女性ならB案」とか「サイフから100円玉を取り出して、製造年が偶数《ぐうすう》ならA案、奇数《きすう》ならB案」とかです。

これは冗談ではなく、本当に何回か、こういうやり方で人生の決断をしました。だって、考えても考えても、二つの違いが分からないのなら、考えるだけムダですし、そのことで苦しむのはバカバカしいと僕は思っているのです。

どちらを選んでも、同じぐらいもう片方を選ばなかったことを後悔するのなら、そもそも、後悔してもムダだっ！と思っているのです。

でも、これは、本当に「考えて考えて、いろんな人の意見も聞いて、いろいろと調べ尽くした」後の方法です。

考えるのが面倒くさいから飛びつく方法ではないのです。

どうですか、豆太郎さん。僕はこんなふうに人生の決断をしてきました。「大人の課題」は、本当に難しく、正解は簡単には見つかりません。

だからといって、そのことに苦悩して、押しつぶされるのは人生に対してもったいないと思います。どんな決断をするにしても、「考え抜いたんだから、これでいいの！」と胸を張れたら素敵《すてき》だと思っているのです。
豆太郎さんが後悔のない決断ができますように。

追記

この回答に対して、「一冊の本」の編集長より「夫と話し合うということは言及しないのでしょうか」というサジェスチョンをもらいました。もちろん、夫と話して、お互いが納得《なっとく》できる落とし所が見つかれば素敵です。そうなれば、何の問題もありません。でも、話し合っても話し合ってもお互いが歩み寄れず、お互いの希望が完全にぶつかる時は「大人の課題」だと考えます。その場合の考え方を僕は答えたのです。ですから、まずは「夫とたくさん話す」というのは大前提です。はい。

相談14

DVで支配する夫と離婚しましたが、「酷《ひど》い大人だった」と話す娘たちに何と言っていいかわかりません

43歳・女性　花

はじめまして。

以前こちらの相談で不倫の末にご出産された女性からの投稿（単行本『ますますほがらか人生相談』の相談16）を拝見しました。

相手の男性の方を悪く言ってない事を讃《たた》えてらっしゃり、お子さんにも父親の悪口は絶対に言ってはならないとおっしゃっていたのが印象的でした。

子供達が父親の悪口を言われて傷つくというのも理由として挙げられておられて、ハッとした自分がいます。

私の場合、ずっと長い間モラハラDVの夫との結婚生活でしたが、女の子2人を授《さず》かる事が出来ました。モラハラ、という言葉が世間に知られるようになった辺《あた》りから

「うちもこれに該当《がいとう》するのではないか」とほんの少しの疑問を持つまで、恥《は》ずかしながら自分がモラハラやDVをされてるという認識に至りませんでした。

なぜなら、夫の言う「お前が悪いからこうなるんだ、全てお前のせいだ」が根付《ねづ》いてしまい、私自身が「私がいけないから夫はこうなるんだ」「私がもっと頑張れば良いんだ」という思考の中でもがいているような状況でしたから。

そんなこんなで長女（小6）はそんな両親の諍《いさか》いを6歳まで見てしまっているので未《いま》だに大人の顔色や言動といった事に大変敏感な子供です。ある日の幼稚園に行くバスを待つちょっとした時間、4歳の長女に「お母さんはお父さんと離れた方が良いと思わない？　私は離れてお母さんとだけいたい」と言われました。そんな小さな姿で何てすごい事を背負わせてしまってたのかと思ったら、見送り後に涙が止まりませんでした。

それを機に私たちはこんなところに居《い》たら駄目《だめ》になってしまう、夫だけに支配される世界から飛び出そうと決意し、手に職をつけ再就職に向けて面接に行き、頑《がん》として離婚&浮気や借金などを認めない夫との話し合いを調停まで持ち込み、今の安全な3人の居場所を築きました。離婚時に次女は状況も分からない年齢でしたが、大きい物

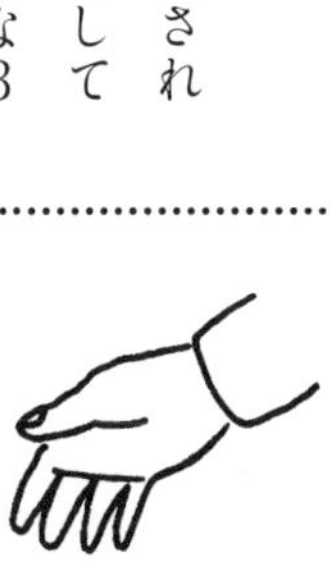

音や怒鳴《どな》り声に敏感だったので、しばらくは耳を塞《ふさ》ぐという行為が気になりましたが、6年経《た》った今は無くなりました。その子供達は父親の話を自分達でする時、それこそ自分達を愛してくれなかった、見ていて酷い大人だと思った、それが父親というのが本当にショックと、話しています。それがどれも事実な上に私も何とフォローして良いのか、返答にいつも悩みます。鴻上先生ならどうお答えになりますか？
どうぞ宜《よろ》しくお願い致します。

……………………………

花さん。大変でしたね。僕が「父親の悪口を言わない方がいい」と書いたのは、花さんの娘さんのケースとは違います。相手の男性は、月に一回、子供と面会するだけのコミュニケイションですから、そこでは「いい父親」として接しているはずです。だからこそ、子供も父親に会いたいと思うのです。ただし、会うのは月に一回だけですから、男性に関する情報は、ほとんど母親から聞くしかないのです。ですから、母親が一方的に父親の悪口を語ることは、月に一回会う父親の印象と分裂して、子供を混乱に陥《おちい》らせることにしかならない、ということです。
花さんの娘さんは、日常的に父親のひどい姿を見ていました。それは、隠しようも

ないことです。

だからこそ、「お母さんはお父さんと離れた方が良いと思わない？　私は離れてお母さんとだけいたい」と言ったのでしょう。

しかし、4歳でこんなことを言ってくれる娘さんは、花さんの宝ですね。この言葉を言おうとまで思い詰《つ》めた気持ちに胸が痛みますが、でも同時にちゃんと母親を思って言えた強さと聡明《そうめい》さに感動します。

「自分達を愛してくれなかった、見ていて酷い大人だと思った、それが父親というのが本当にショック」と娘さんは話しているとのことですが、その時の口調《くちょう》は、花さんを責《せ》めていますか？　そんな男性を選んでしまった花さんをなじっていますか？　男を見る目のない母親に怒っていますか？

もし、そういう口調なら、ただ謝《あやま》るだけです。私は本当に男を見る目がない。男に対する判断が甘かった。もっと早い時期に離婚するべきだった。本当にごめんなさいと。

でも、聡明な娘さんのことですから、そうではないんじゃないかと思います。ただ、父親がそういう人だということを悲しんでいるのではないかと思います。

「何とフォローして良いのか、返答にいつも悩みます」と花さんは書きますが、父親をフォローする必要はないですよね。本当にひどい男だったのですから。

ただ娘さんは、「父親を愛したかった。でも、ひどい男だった。私達を愛してくれなかった」というショックを語りたいのだと思います。手に余る感情とうまくつきあっていく方法は、とにかく口に出すことです。胸の中に納《おさ》めてしまうと、感情はくすぶり、ねじれ、やっかいな形になることが多いです。

ですから、娘さん達は、毎日を健全に生き延びるために口にしているのだと思います。

そこで花さんができることは「本当にそうだよねえ。ショックだよねえ」と娘さんの感情に寄り添うことだけだと思います。

反論するわけでも興奮するわけでも戸惑《とまど》うわけでも悲しむわけでもなく、ただ「うん、うん」と娘さんの感情にうなづいてあげることが一番、大切なことだと思います。だって、もう起きてしまったことです。いまさらどうにもならないのです。過去を責めても、悔《く》やんでも、後悔しても、何も始まりません。

ただ、過去の衝撃をひきずる感情を、ゆっくりとなでてあげるだけなのです。

花さん。本当に素敵《すてき》な娘さんだと思います。娘さんの衝撃は、花さんが寄り添っていけば、ゆっくりと、薄れていくのではないかと思います。あと何年かかるか分かりませんが、やがて娘さんが大人になり「私は母さんと違って、パートナーを見る目があるから」「私だってあると思ったのよ」なんて軽口《かるくち》をたたきあう日がきっと来ると思います。

それまで、そっと娘さんに寄り添うことをお勧《すす》めします。

相談15

病院を継《つ》ぐために勉強ばかりさせられました。いつもどこか空《から》っぽで孤独です

35歳・女性　チョココ

私は女医です。一般的には幸せな生活をしていると思いますが、毎日辛《つら》いです。

実家が代々続く病院で、私は長女です。物心《ものごころ》ついた時から病院を継ぐために勉強ばかりさせられていました。普通に遊びたい、勉強が嫌《いや》だと思い、思い切って反抗すると、院長である父に、「お前は医者になるために生まれたんだ、医者以外は人間ではない」と言われ、その時に人生が終わったと思いました。私はまだ医者じゃないから人間じゃないんだと思いました。まだ小学生だったので、思い込んでしまったのか、その棘《とげ》が抜けません。

母は優しい人ですが父と同じく継いでほしいようでした。家族がいて、たくさんではないですが友人がいて、仕事もあるのに、いつもどこか空っぽで、何《なん》にも興味が持

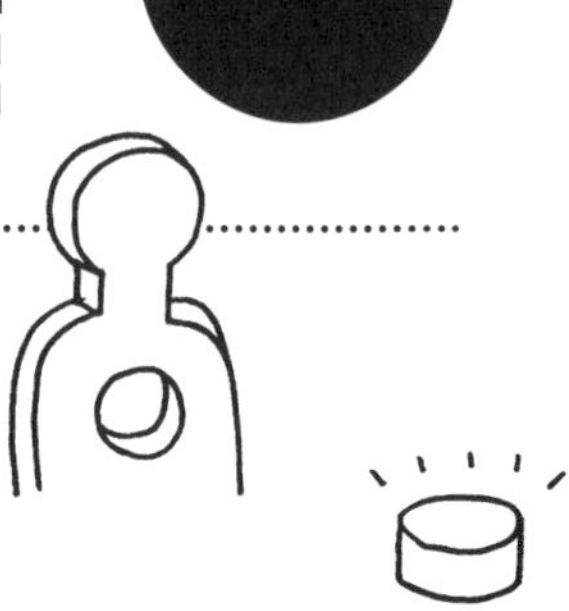

てず、孤独感を常に感じます。でも私が継がないと病院が潰《つぶ》れる——その覚悟はなく、結局は継ぐと思います。元来《がんらい》気弱《きよわ》で診療や人間関係もストレスです。でも他の生き方をする勇気もありません。うまく生きていけないと思います。どう気持ちに折り合いをつけたらいいでしょうか。カウンセリングや薬に頼ったことはありません。誰にも相談できません。鴻上さんのお人柄に惹《ひ》かれ、思い切って相談しました。ヒントをいただけたら幸《さいわ》いです。

チョコココさん。大変な人生を生きてきましたね。小学生の時に「医者以外は人間ではない」と言われてしまったのですね。だから、「私は人間じゃない」と思ったんですね。だから、人間になるために医者になったんですね。

チョコココさんは35歳ですから、親の期待通り、言う通りにもう30年近く生きてきたわけですね。本当に大変でしたね。

チョコココさんが求めているのは、「どう気持ちに折り合いをつけたらいいでしょうか」ということですね。

「折り合いをつける」ということは、病院を継ぎながら、同時にチョコココさんが納得《なっとく》する、または心穏《おだ》やかになる方法ということですね。

チョココさん。申し訳ないのですが、僕にはその方法や考え方が思いつきません。はっきり言いますね。僕から見たら、チョココさんのご両親は「毒親《どくおや》」です。

「毒親」は、なにも殴《なぐ》ったり虐待《ぎゃくたい》したり育児放棄《ほうき》するだけが特徴ではありません。「毒親」は、子供の意志を無視して、自分の思い通りに子供をコントロールする親、子供をロボット化する親のことです。

子供がどんなに苦しんでいても、子供がどんなに心の中で悲鳴《ひめい》を上げていても、全部無視して親である自分の意志や生き方を押しつける親は、「毒親」なのです。

チョココさん。チョココさんは今35歳ですから、このままだと、あと人生の半分以上、それこそ50年間前後を「いつもどこか空っぽで、何にも興味が持てず、孤独感を常に感じ」るまま、生きていくことになると、申し訳ないのですが、僕は思います。

いつもそう感じる理由はとてもはっきりしているでしょう。チョココさん自身が、自分の人生を自分で選んだもの、自分でつかみ取ったものだと感じてないからです。

そもそも、医者という職業に対して、チョココさんは、「元来気弱で診療や人間関係もストレス」だから、向いてないと内心思っているのですよね。

でも、「元来気弱」というのは、親にそうさせられてしまった可能性が高いと僕は思います。「普通に遊びたい、勉強が嫌だと思い、思い切って反抗」しても、お前は人間じゃないと頭ごなしに言われた子供が、気弱になるのは当り前だと思うからです。「元来」というもともとの持って生まれた性格というより、親にそうさせられてしまったということです。

また「診療や人間関係もストレス」というのも、自分で選んだ職業でない場合、そう感じるのは当り前だと思います。どんな職業でも「本当はこの仕事がいやなんだよなあ」と思っていたら、ささいなこともストレスになるでしょう。

でね、チョココさん。僕は「折り合い」のつけ方は分かりません。そもそも、折り合えないことだと思っているのです。

だって、「毒親」を前にして、子供の取れる一番有効な対策は逃げることです。

とにかく、距離を取る。もちろん、「毒親」は自分の意志を曲げませんから、とことん追いかけてきます。だから、総《すべ》ての連絡手段を遮断《しゃだん》するのです。

チョココさん。驚きましたか。そんなことができるはずがないと思いましたか。

チョココさん。僕のアドバイスは少々、大胆《だいたん》です。貯金はありますか？　もしあるなら、できるだけ早く、仕事をほっぽり出して、旅に出ませんか？

海外がいいと思うのですが、そのまま、1年ぐらい過ごしませんか？

本気ですよ。

そこで、チョコさんが今までの35年間の人生をじっくり振り返るのです。あ、いや、その前に「したくもない勉強をして、ちゃんと医学部に受かって、国家試験にも受かって、ちゃんと医者になった」自分をいたわってあげましょう。人間は、普通、したくもないことは続かないものです。嫌なことはできなくなるものです。でも、チョコさんは、強い責任感で真面目《まじめ》にやり遂《と》げたのです。本当にすごいことです。自分を慰《なぐさ》め、癒《いや》してあげましょう。

そのまま、海外でボーッとするのがいいと思います。

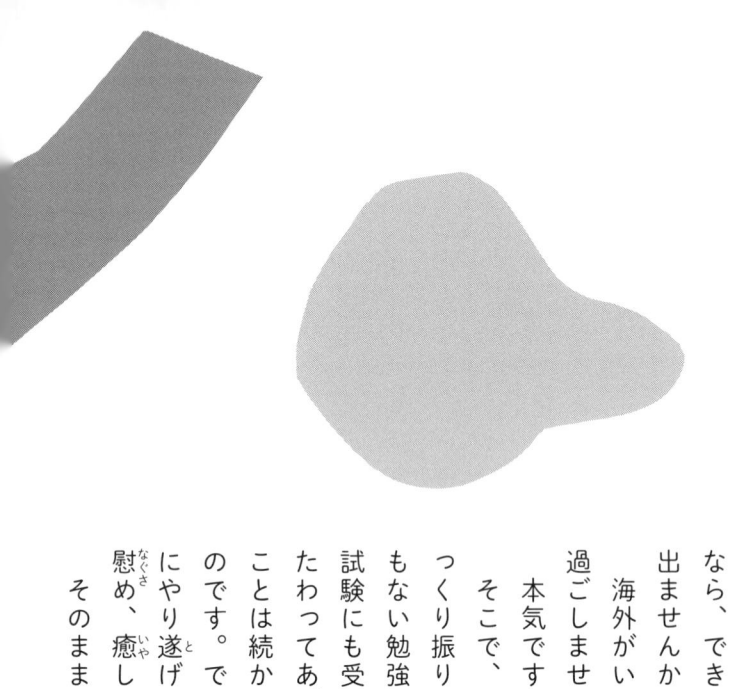

もちろん、親には場所は言わないのですよ。ただ置き手紙で、この相談に書いたように、「いつもどこか空っぽで、何にも興味が持てず、孤独感を常に感じます」と正直に自分の気持ちを書き、それは間違いなく子供の頃に言われた言葉から始まっていると、丁寧《ていねい》に正直に気持ちを書いて旅立つのです。

それでね、1年も親と離れて一人でいると、ゆっくりと考えが整理できると思います。

選択肢《せんたくし》も浮かんでくるでしょう。「すっぽりと医者をやめて、別の職業につく」か、医者を続けるなら、例《たと》えば「僻地《へきち》医療への従事、もしくは病理の研究などチョココさんの興味がわく可能性のある別の現場に行く」か、「1年間、自由気ままに生きられたから、病院を継ぐ」か。

30代後半だから、もう新しい職業は無理なんて思わないで下さいね。チョコロさんは「うまく生きていけないと思います」と書かれていますが、自分で自分の人生を生きるという練習を一度もしてないのです。不安になったり、うまくいかないと思うのは当り前です。

でも、別の職業を選ぶということは、チョコロさんが、生まれて初めて「自分は何がしたいのか」と考えるということです。なんだか、ワクワクしてきませんか。

念のために書きますが、病院を継がない選択肢ももちろんあるでしょう。今は、「そんなことは絶対に無理」と思うかもしれませんが、1年後に「一番大切なものは、病院なのか、私の人生なのか」と自分に問い掛けてみるのです。

いずれにせよ、すべては、生まれて初めて親から離れ、生まれて初めて親の意見に反抗して、生まれて初めて1年間チョコロさんが自分のためだけに時間を使った後に考えることです。

チョコロさん。チョコロさんは、ずっと「毒親」に対して「良い子供」でいたのです。それが今、35歳という年齢で、軋《きし》み始めているのです。このままだと、やがて、チョコロさんが書くように「カウンセリングや薬」に頼る可能性が高いと僕は思います。

僕はチョコさんに、「生まれて初めてのワガママ」を勧《すす》めているのです。でも、本当はそれはワガママではありません。チョコさんが自分の人生をちゃんと生きられるようにするための、大切な重要な必要な行動なのです。

チョコさん。どうですか？　そんなことできるわけないと思っていますか？　でも、人生は自分でコントロールできるのです。「毒親」は、子供の人生は親がコントロールするものだと子供に刷《す》り込みますが、違います。

自分の人生は自分で選ぶことができるのです。

チョコさんの人生を決めるのは、誰でもない、チョコさんだけなのです。

相談16

恥《は》ずかしながら48歳になり初めてお付き合いをすることになりました

48歳・女性　つまらない人間

初めまして。恥ずかしながら48歳になり初めてお付き合いをすることになりました。しかし、彼には家族がおり不倫の関係です。まさか、男性と付き合うどころか、不倫なんてハードルの高いことが起こるなんて思ってもみませんでした。このまま何もなく死んでいくのだろうな、と思い生きてきました。

私は今まで大きな組織で働いてきました。しかし組織に嫌気《いやけ》がさし、知り合いが起業したので、そこに入れてもらうことになって今は初めて仕事が楽しいと思い、やりがいを持って働いています。

けれど相手はその起業した知り合いなのです。働き始めてすぐに「前から好きだった」と告白されました。もちろん既婚者《きこんしゃ》ですし、自分に自信がない私としてはお断り

してましたが、だんだんと私の方がもっと好きになってしまいました。

もちろん、家族と別れて欲しいとか、結婚して欲しいとか大《だい》それたことを考えていないですし、ご家族を一番大切にされていることも理解しています。ずっと続かないであろうことも。

別れるべきなのも分かっています。でも、初めて今仕事が楽しくやりがいを感じ、ストレスなく働けています。そして、彼のことがとてつもなく好きなのです。一緒《いっしょ》にいると楽しくて、幸せです。

でも、ご家族のことを考えると申し訳ない気持ち、嫉妬《しっと》する気持ち、とても複雑な気持ちで苦しくなります。

仕事は辞《や》めたくない、でも彼とは別れなければならない。鴻上さんは別れるのであれば全ての縁《えん》を切るべきであるといつもおっしゃっていますが、私は仕事を辞めたくありません。もちろん、別れも辛《つら》いのですが。

正直どうしたらいいのか分かりません。この年での転職も不安です。ご教示頂けたらと思います。

つまらない人間さん。と、書いて頭を抱《かか》え込んでしまいました。なんというペンネームにしたんですか。本当に「自分に自信がない」んですね。困りました。

「つまらない人間」を略して「つま」さんにしようかと思いましたが、なにせ相談が不倫なので、妙に意味深《いみしん》になってしまうようで、これまた困りました。

というわけで、「つん」さんにしますね。つんさんは、48歳で初めておつきあいをするようになったんですね。相手のことが大好きなんですね。素敵《すてき》じゃないですか。

えっ？　不倫だから？　うーん。それも、仕事のパートナーなんですね。これは、問題が二つある相談ですね。

大きな組織に嫌気がさして、相手が起業した会社に入ったということは、結構《けっこう》小さな規模の会社ですね。ビジネスパートナーとして、結構、密接な関係ですね。

さて、つんさん。もし、この恋が終わる時が来ても、大人として仕事を続けられますか？　僕の世界で言えば、劇団の中で恋愛関係になった場合に近いです。

劇団という濃密な関係の中で、やがて恋が終わっても、同じ劇団員として関係を続けられるかどうかです。続けられる人と続けられない人が、当然、いますね。ちなみに、僕は続けました。はい。ものすごく苦しかったですけれど、「恋の終わりの痛み」より「仕事の大切さ」を選びました。

つんさんはどうですか？　でもまあ、これは、終わってみないと分からないことですね。今から、身構《みがま》えてもあまり意味はないでしょう。

「鴻上さんは別れるのであれば全ての縁を切るべきであるといつもおっしゃっていますが」というのは、別れる方が明らかにいいと思った時のアドバイスです。

これは、つんさんの場合とは違うと僕は思っています。

で、もうひとつの問題、「不倫」の方ですね。

つんさんは、48歳で初めてつきあうことになったんでしょう。それも、「彼のことがとてつもなく好き」になってしまったんでしょう。「一緒にいると楽しくて、幸せ」なんでしょう。でも「別れるべきなのも分かって」いると思っているんでしょう。

今はその感情を大切にするだけでいいんじゃないかと僕は思います。つまりは、今の生活を続けることをお勧《すす》めします。

ちょっと話はそれるんですが、聞いて下さい。

僕は演劇系の大学で教えています。この前、19歳の女子学生が真剣な顔で相談に来ました。彼女は「友達が法律違反をしているんですが、どんなに楽しそうでも絶対にやめさせるべきですよね？」と言いました。

僕は少し驚いて「法律違反？　ドラッグとかか？　だったら、やめさせないとな」と返しました。

すると、その女子学生は、「違います。不倫です」と真面目《まじめ》な顔で答えました。

「不倫は法律違反じゃないよ」。僕は驚いて答えました。

彼女は真剣な表情で「だって、訴えられるんでしょう。法律違反じゃないですか」と反論しました。

僕は内心、大人達が「文春砲《ぶんしゅんほう》」に俗情《ぞくじょう》を刺激され、スキャンダルに舌《した》なめずりしている間に、若い奴《やつ》らの感性はここまで来たのかとため息をつきました。

演劇系の大学の学生ですからね。大胆《だいたん》に言えば、ドラマの半分ぐらいは不倫とか三角関係とか肉欲《にくよく》なんかが絡《から》んでいると思いますね。

やがて、「『アンナ・カレーニナ』は不倫の物語ですから、上演に値《あたい》しない最低の作品です」なんて言う学生が出てくるんじゃないかと本気で怯《おび》えます。

僕がつんさんに「不倫の恋でもいいじゃないですか」と言うと、「不倫は絶対ダメ。

人間として最低」と思っている人から、激しい攻撃を受ける可能性が高いです。とくにネットでこの文章を読むと「鴻上はとんでもない。最低の奴だ」と炎上するかもしれません。

でも、「不倫はどんな場合でもダメ」と完璧《かんぺき》な正義のルールを主張する人は、不倫する人の気持ちをあまり分かってないんじゃないかと僕は思っています。

「さあ、不倫するぞ」と思って不倫する人はめったにいないと僕は思っています。そうではなくて、つんさんが書くように、人生で「不倫なんてハードルの高いことが起こるなんて思ってもみませんでした」という人がほとんどだと思います。

僕は何人も「まさか自分がこんな恋をするなんて、想像もできなかった」とつぶやく人達を見てきました。みんな真面目に人生を生きていると思われていた人達です。「自分は自分の予想もつかないことをするんだ」と驚くからこそ、二千年以上も人間は物語を作って、演劇や小説や物語にしてきたわけです。

で、「不倫は絶対ダメ」という人達は、「そうなったとしたら、すぐにやめるべきなんだ」と断定します。

そういう人は理性で自分を完全にコントロールしている人だと思います。ダイエットは簡単にやりとげられるし、仕事をちゃんとハンドリングできているし、仕事と遊びの区別もちゃんとできている人でしょう。ダラダラとテレビを見続けたり、甘いものをつい食べてしまう、なんていうだらしない生き方は絶対にしてない人だと思います。

そういう人は絶対に不倫しないので、不倫している人の気持ちが理解できないんですね。

つんさんが書く「ご家族のことを考えると申し訳ない気持ち、嫉妬する気持ち、とても複雑な気持ちで苦しくなります」という感情は、不倫をしている多くの人の共通の気持ちだと思います。

「不倫は絶対ダメ」と主張している人は、「美味《おい》しいところだけを取って、相手の家庭をボロボロにして、何の反省もしてない」と不倫している人のことを思っているかもしれませんが、そんな分かりやすい気持ちの人は本当に少数だと思います。

僕は「不倫している人は苦しんでいるから許せ」と言っているんじゃないですよ。「不倫は文化だから認めろ」と言っているんでもないです。

胸を張って主張できないことは分かっている。でも、好きになってしまったんだ。

この感情は真実なんだ。愛《いと》おしいんだ。という、「人間のどうしようもなさ」は存在するんだ、と言いたいのです。

でも、この主張も「ふざけたこと言うな」と言われる可能性があります。やがて、こういう主張は、ネットに現れる文章ではもう書けなくなる可能性が高いです。正義の人に攻撃されて、炎上するなんて、みんな嫌《いや》ですからね。

だから、表向きは発表できなくなるでしょう。でも、「人間のどうしようもなさ」はなくならないのです。だから、こういう感情は地下に潜《もぐ》って、公《おおやけ》には発表できなくなるでしょう。言えないけれど存在する。「人間のどうしようもなさ」がタブーになった世界は、クリーンで道徳的で秩序立《ちつじょだ》って、本当に息苦しい空間になるだろうと思います。

つんさん。だから僕は今の生活を、精一杯《せいいっぱい》生きることをお勧《すす》めします。これから先、何が起こるかなんて、誰にも分からないんです。

48歳で初めて経験する「人を愛する喜び」「仕事が楽しいという感覚」を思いっきり味わって下さい。それが僕のアドバイスです。

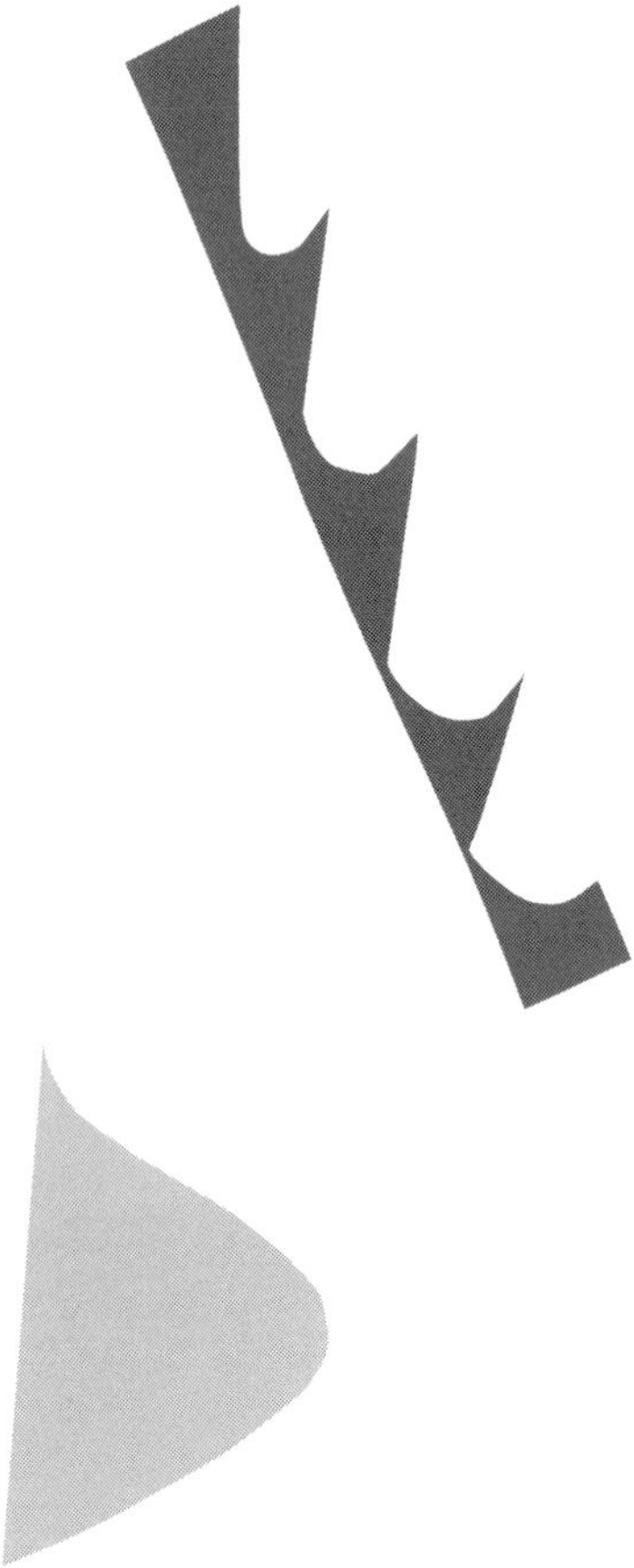

相談17

私の仕事を軽《かろ》んじるのに退職は許さない夫とどんな気持ちで生活すればよいでしょうか

35歳・女性　ビール大好き

いつも楽しく拝見しています。

私には7歳、5歳の息子がおり、同じ職場で働く夫（部署は違います）と共働きをしながら子育てをしています。小さな子どもがいれば、突然の体調不良で保育園や学校を休むことは日常茶飯事《にちじょうさはんじ》であり、そのたびに夫婦で調整して仕事を休むことになります。この場合、常に夫の仕事が優先され、大半は私が休暇《きゅうか》をとる状況が続いています。

夫は私より10歳年上なので、職場での役職が高く、休みづらいのは重々承知です。けれど、それならば「いつもありがとう」「ごめんね」の一言を添《そ》えて出勤するのが筋《すじ》だと思っています。しかしながら夫は、「俺の方が職責《しょくせき》が重いからそっちが休むのは当たり前」「仕事の内容が全然違う。俺がどれだけ忙《いそが》しいかわかるでしょ」と平然と口に出すのです。

ならば、と在宅勤務や柔軟な働き方が可能な仕事への転職を考え、それを相談すると、「冗談でしょ。今より給料下がるよね」と一蹴《いっしゅう》され、それが悔《くや》しくて資格取得のために勉強したりキャリア相談に行ったりすると、「趣味でやってるの？」と馬鹿《ばか》にされるのです。

けれど、私は働くことが大好きで、子育てのために残業ができず短時間しか働けない分、職場に貢献《こうけん》したいとの思いで必死にやっているつもりです。転職や資格取得を考えたのは、子育てや他の要因で今の仕事を退職せざるを得なくなったとしてもキャリアを途切《とぎ》れさせたくないと思ったからです。それを理解してもらえず、ずっと悔しい思いをしています。

一方で、退職を考えたこともあります。上の子が小学校に入学したばかりのころ、学校と学童《がくどう》になじめず毎日夜になると「学童に行きたくない」と泣かれていた時期がありました。週に何度も半休をとって対応しましたが、もう仕事を続けられないと思ってそれを夫に相談したときも、「辞《や》めたら家のローン払えなくなるよね。辞めるの

は無理だよね」と言われました。私の仕事を軽んじるのに、退職は許されないのか、とその矛盾《むじゅん》に愕然《がくぜん》としました。そして、子どもや私の気持ちに寄り添うことはせず、自分の仕事の邪魔《じゃま》にならない範囲で私にフルタイムで勤務してほしい、という夫の気持ちが透《す》けて見えて本気で嫌悪《けんお》しました。

　はじめは私も夫に対して何十倍にして言い返していました。でも、何度話しても相手のスタンスを変えることはできないと悟《さと》ったときから、日常的な会話をすることさえ嫌《いや》になってしまいました。それからは、腹が立ったときにはスマホにメモをして気持ちを落ち着かせることが習慣になっています。

　仕事以外でも、食事を作っても「いただきます」や「ごちそうさま」、料理の感想などは一切なく、平日夜に私が育児や家事を引き受けていることへの感謝の言葉もただの一度もありません。私への関心が皆無《かいむ》なのです。その一方で、自分のことは認めてもらいたい、ほめられたいという気持ちが強く、その姿勢に辟易《へきえき》します。夫は、自分が誰よりも仕事が忙しくて、かつ家事育児もどの父親よりやっていると信じて疑わないのです。

　このようなことが積み重なり、残りの人生を夫と共に歩んでいく気持ちは完全にな

くなってしまいました。

しかし厄介《やっかい》なのが、夫には悪気《わるぎ》や悪意はこれっぽっちもないのです。単にデリカシーがないだけで、私を傷つけようとか優位《ゆうい》に立とうとか、そのような意図はなく、ただ思ったことを口に出しているだけで、モラハラと感じたこともありません（私自身も気が強いので、モラハラしようにもできないだけかもしれませんが）。夫の態度には、私にも何等《なんら》かの原因があるのだろうとは思ってもいます。

子どもたちは夫のことが大好きです。さらに、子どもを育てるには、私ひとりよりも夫がいた方が大人の人手《ひとで》が多くて効率が良いという打算的な気持ちもあり、今すぐに離婚するのではなく、下の子が成人する13年後を離婚の目標にしています。

でも、私に関心を寄せずに私の仕事を蔑《ないがし》ろにする人とあと10年以上も同居するのかと思うと、途端《とたん》に虚《むな》しさに襲《おそ》われて泣きたくなるのです。最近では、休日に夫が家にいるだけで気持ちが沈むようになりました。

いつまでも仲睦《なかむつ》まじい夫婦関係を築けなかった自分への不甲斐《ふがい》なさや、女として好きでもない男と同居し続けることへの喪失感《そうしつ》、もっと稼《かせ》ぐ力をつけるように努力してこなかった自分への怒りの気持ちもあり、頭のなかはもうぐちゃぐちゃです。世の中のご夫婦は、みな多かれ少なかれ私と同じような気持ちを抱《かか》えながら生活しているのでしょうか。それならば、どのように折り合いをつけているのでしょうか。
夫を結婚相手として選んだのは私です。悪いのは夫だけではないことも理解しています。それでも、割り切ることができないのです。

…………………

ビール大好きさん。大変ですね。文章から苛《いら》立《だ》ちと混乱、苦しみが立ち上ってくるようです。
ビール大好きさんの相談を、「今月、一番、答えて欲しい相談」と僕に推薦した担当編集者（女性）は、こんな文章を添えています。
「もともとこのような相談がありましたが、とくに今回、プライド高く、妻をないがしろにする自分勝手な夫の相談がとても多かったです。さすが男女平等ランキング１１６位（２０２２年）の国だけあって、男性の意識が本当に低いなあと読むだけで怒りを覚え、暗澹《あんたん》たる気持ちになります……（いえ、そうでない男性もたくさんいると思いますが）。でも悔しい思いをしている女性たちへ、ぜひ鴻上さんに元気づけてほしいです」

たぶん、同感する女性は多いと思います。

問題は、「ぜひ鴻上さんに元気づけてほしいです」という部分です。

僕は、正直な気持ちを言うと、ビール大好きさんを「元気づける」言葉を持っていません。というか、こんな夫の現状で、単純にビール大好きさんを元気づけることはできないのです。

だって、ただ無口とか感謝の言葉がないというならまだ分かりますよ。でも、ビール大好きさんの夫は、『俺の方が職責が重いからそっちが休むのは当たり前』『仕事の内容が全然違う。俺がどれだけ忙しいかわかるでしょ』と平然と口に出す」んですからね。で、「いつもありがとう」「ごめんね」の一言もないんでしょう。資格も取ろうとすると「趣味でやってるの？」と言われるんですよ。

「いただきます」や「ごちそうさま」、料理の感想もなく、「平日夜に私が育児や家事を引き受けていることへの感謝の言葉もただの一度も」ない夫なんですよ。

とくに、この夫がやっかいなのは、ビール大好きさんへの「関心が皆無」なのに「自分のことは認めてもらいたい、ほめられたいという気持ちが強」いということです。

通常、会話がなくなった夫婦は、お互いに無関心になり、家庭内別居《べっきょ》状態になります。そういう冷たい関係なら、ある程度の年数は、同じ家で住むことはできます。

でも、ビール大好きさんの夫は、ビール大好きさんには関心がないけれど、自分に関心をもってもらいたいと思っているんですもんね。

この現実に、「元気づける」言葉は、申し訳ないですが、僕にはありません。

そして、申し訳ないのですが、ビール大好きさんの求める「折り合い」をつける魔法の言葉もないのです。

ビール大好きさんは、「私も夫に対して何十倍にして言い返して」きたけれど、「何度話しても相手のスタンスを変えることはできない」と悟ったんですよね。僕にはやることはやったと感じられるのです。

ですから、「夫を結婚相手として選んだのは私です。悪いのは夫だけではないことも理解しています」と、自分と過去を責《せ》めるのではなく、未来を見るのがいいと思います。現実と自分の気持ちの「折り合い」をつけるためには、行動しかないと僕は思います。

僕のアドバイスは、ビール大好きさんの願いと同じ離婚だけです。

ただし、13年後はさすがに遠すぎるでしょう。ビール大好きさんが書くように、「10年以上も同居するのかと思うと、途端に虚しさに襲われて泣きたく」なってまともな生活ができなくなると思います。

「子どもたちは夫のことが大好きです」と書かれていますが、今、息子さんは7歳と5歳ですから、まだ母の父に対する気持ちは感じられないでしょう。特に男の子はそういう傾向にあります。

僕の提案は、5年後の離婚です。息子は、12歳と10歳になります。これぐらいの年齢になれば、父と母の関係から母の「離婚への思い」を理解してくれるでしょうし、自分で自分のことをそれなりにできるようになるでしょう。

そのためには、5年後に向けて、ちゃんと計画しなければいけません。

まず「夫には悪気や悪意はこれっぽっちもない」のですから、「離婚したい」と言っても、ただ驚くだろうと予想されます。そのためには、今、ビール大好きさんは「腹が立ったときにはスマホにメモをして気持ちを落ち着かせ」ていますが、そのメモが重要な役目を果たします。

腹立ちまぎれに、自分にだけ分かる言葉を書き殴《なぐ》るのではなく、「いつ、どこで、どんなことを夫に言われた・された」ということを克明《こくめい》に書くことです。それを「離婚したい」という時に、まとめて見せるのです。

　それは、スムーズな離婚と共に、ちゃんとした養育費をもらうためでもあります。

　そして、これからの5年間、夫にバレないように、こつこつと離婚後の生活資金をためる必要があります。願わくば、「趣味？」とまたからかわれようと、この5年間のうちに、なんらかの資格を取って、経済的安定を目指すことです。

　ビール大好きさん。これが僕の提案です。ビール大好きさんが現実と自分の気持ちとの「折り合い」をつける方法です。

　5年後に夫と離婚することを希望に、なんとか、今を踏《ふ》ん張《ば》るのです。どうでしょうか？

相談18

男性部下から育休の相談。人員補充はなく、「仕事の負担が増える」とも思ってしまいます

43歳・女性　ひつじ

鴻上さんはじめまして。私の悩みを聞いてください。

私はグループのリーダーに昇進しました。先日、男性部下の奥様の妊娠が判明し、育休を取得したいとの相談がありました。「おめでとう！」と思う気持ちも、育休を取ってほしいという思いもあります。一方で、育休の期間によっては、人員補充されないため「仕事の負担が増える」とも思ってしまいます。

私は35歳の時に結婚し、年齢的なこともありすぐに妊活《にんかつ》しました。体外受精の際には、10日ほど毎日病院に通わなくてはいけない期間があるのですが、仕事が非常に忙《いそが》しくなった時期があり、その時は治療を中断しました。理由として、忙しいと妊娠しにくいかもしれないと思った事もありますが、忙しい職場に遠慮した部分もありまし

た。その後、数回体外受精をしましたが、妊娠できなかったと分かった時がとても辛《つら》く、4年ほどで妊活を終了しました。

中断したのも、妊活を終了したのも、最終的に自分が決断したということは分かっています。しかしながら、「私は仕事で子どもができなかったのに、他人の子どものために仕事の負担が増える」と考えてしまいます。さらには、「子どもがいないから昇進してしまった」とも思ってしまいます（産休や育休を取得していないため）。

このモヤモヤした気持ちをどのように考えればポジティブに思えるでしょうか。よろしくお願いします。

ひつじさん。モヤモヤしますね。それは当然の感情だと思いますよ。それでも、育休を相談されて、「『おめでとう！』と思う気持ち」や、「育休を取ってほしいという思い」を大切にするひつじさんは素敵《すてき》です。

「忙しい職場に遠慮した部分」もあって、ご自分の妊活を終了したひつじさんですから、単純に「仕事の負担が増える」と反発しても無理はないところなのに、素晴《すば》らしいと思います。

それでね、ひつじさん。

「このモヤモヤした気持ちをどのように考えればポジティブに思える」のかという相談ですが、一番、ひつじさんが納得《なっとく》できる方法は、ひつじさんの考え方や受け止め方を変えるのではなく、会社のシステムそのものを変えようと試《こころ》みることじゃないかと僕は思います。

ひつじさんは、「育休の期間によっては、人員補充されない」と書かれているでしょう。だから、「仕事の負担が増える」と思ってしまうと。それが一番のモヤモヤする原因なわけでしょう。

ですから、「育休の期間にかかわらず、必ず人員補充される体制」を会社に求めることが、昇進したひつじさんが納得できる道じゃないかと僕は思うのです。

ひつじさん。どうですか？　僕の言っていることは、ひつじさんの会社の現状を無視した、理想論でしょうか？

でも、誰かがいつかは「個人が負担を我慢《がまん》する」という流れを止めないといけないんじゃないかと思います。

今、ひつじさんは、とても重要なタイミングにいると僕は思います。ひつじさんにとっても、会社にとっても、育休を求める男性の部下にとっても、そして、これから産休・育休を取る可能性のあるすべての社員にとっても。

ここでひつじさんが、気の持ちようで我慢したり、必死にポジティブになろうとしても、間違いなく、また同じ問題が起こるでしょう。そして、会社というシステムが問題になることなく、個人が負担を背負《せお》って苦しむことになるのです。

ここで、「育休の期間にかかわらず、必ず人員補充される体制」を作ることは、社員にとってはもちろんですが、会社にとっても将来的に間違いなく良いことになると僕は思います。社員のことを考えた手厚い福利厚生は、有能な人材をつなぎ留《と》めたり、獲得したりすることの重要な要素ですからね。

それにね、ひつじさん。

会社と交渉してみて、100%の改善でなくても、いくばくかの前進が見られたら、それはひつじさんのモヤモヤを減らし、ポジティブになれることだと思うのです。

その交渉の中で、会社があまりに頑固《がんこ》なら、ひつじさんがモヤモヤしている「私が昇進したのは、産休や育休を取らなかったからですか？」というぶっちゃけた疑問もぶつけてみてはどうでしょうか？　それは、会社が社員に負担を押しつけて、ひつじさん個人が我慢する現状に対しての抗議の石つぶてです。

もし、悲しい予測ですが、どんなに交渉しても会社が１ミリも変わらなかったとしても、ひつじさんの努力は未来につながる、貴重な試みです。後に続く人達がひつじさんの努力を忘れることはないでしょう。

どうですか、ひつじさん。

大変ですが、現状を変えようと試みることが、一番、ひつじさんの心を穏《おだ》やかにすることなんじゃないかと、僕は思います。

心から応援します。

相談19

心の中で差別的な感情を持っている自分がとても嫌《いや》になりました

55歳・女性　トロン

はじめまして。現在喫茶店でアルバイトとして働いています。場所から高齢の方や女性が多いお店です。

　私は外見上とても愛想《あいそ》が良く、自分でも接客業に向いていると思います。時々、多少の知的障害をお持ちであろう女性のお客様が来店されます。そのお客様に対して店長はそれとなく嫌悪《けんお》感を表しますが、私は他のお客様と変わらない接客をしていると自負がありました。しかし、先日そのお客様と同じメニューを同時に注文された別のお客様がいて、私は見た目の悪い方《ほう》のメニューをその知的障害（であろう）の方《かた》に出しました。彼女はどうせ分からないだろう、という思いがあったからです。

　一見するとあたかも良い人のフリをしながら、心の中では差別的な感情を持ってい

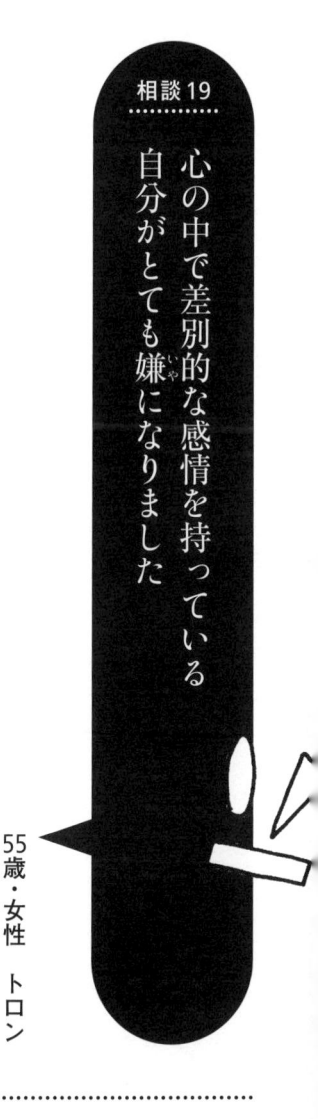

る自分がとても嫌になりました。店長のようにはっきり態度で表す方が良いのではないかと自己嫌悪になります。

心の中にずるい部分を持っているのに、あたかも良い人のふりをする自分がとても嫌です。そしてそんな自分を良い人だと慕《した》ってくる知人に申し訳ない気持ちになります。

考えすぎですか？

職業や地位で差別する人が嫌いですが、私も同じだな、と感じてとても落ち込みました。でも、平等に接したいと思う気持ちも本当です。

どう捉《とら》えたら良いですか？

トロンさん。僕はトロンさんは、とても真面目《まじめ》な人だと思います。それは、トロンさんが自分の内なる差別意識をちゃんと見つめているからです。

見つめて、これではいけないと思いながら、でも、どうしたらいいかと戸惑《とまど》っている。「心の中にずるい部分を持っているのに、あたかも良い人のふりをする自分がとても嫌です」という言葉は、とても誠実な態度だと思います。

トロンさん。最近、僕が「差別する心」についてどう思っているか書きますね。すでに別のところで発表しているので、読んだことがある人もいると思いますが、あらためてまとめます。

トロンさん。いきなり大胆《だいたん》なことを言えば、僕は心の中から差別意識を100%なくすのは、不可能だと思っています。

例《たと》えば、民族や生まれで差別してない人でも、学歴や家柄《いえがら》、能力で人を差別するかもしれません。学歴や家柄、能力で差別してないと断言できる人でも、容姿《ようし》や体重・身長で差別するかもしれません。

つまり、誠実に自分の心の中を見つめれば、「私は100%差別する心はない」と断言できる人は、ほとんどいないんじゃないかと僕は思っているのです。

鈍感《どんかん》な人は別ですよ。そうではなくて、トロンさんのように、自分自身を誠実に見つめたら、ほんの数%か、さらに0・数%の「差別する気持ち」を見つけるんじゃないかと思っているのです。

でね、だからしょうがないと言っているのではなくて、だからこそ、「心の中で思っていること」と「態度や発言に表すこと」をちゃんと区別しようと思っているのです。

どうしてこんなことを言っているのかというとね、アメリカの「チャリティー文化」に接していて、はたと気づいたことがあったのです。

アメリカは、ハリケーン被害とか災害のたびに、有名人や資産家が寄付をするじゃないですか。で、それに対してアメリカのマスコミも人々も素晴《すば》らしいと称賛するじゃないですか。

でも、日本だと、例えば、東日本大震災の時に芸能人や有名人が寄付すると、わりとすぐにネットで「売名行為《ばいめいこうい》」とか「偽善《ぎぜん》」なんて言われたりするわけです。

それは、私達日本人は、まず心の中を問題にする傾向があるからだと思います。「ある人に対してどういう行動を取るか」ということと同じか、それ以上に「ある人のことをどう思っているか」が私達日本人にとっては問題なんだと思います。だからこそ、その裏返しで、私達は、「絆《きずな》」とか「心をひとつに」と言いたがるんでしょう。

テレビ番組を見ていると、あらゆるスポーツやコンテストの企画で、この言葉がくどいぐらい繰《く》り返されますからね。この言葉が一回も出ないまま、「勝つ」とか「なし遂《と》げた」という番組はないいんじゃないかと思います。

アメリカは「内面」ではなく、「行動」を問題にします。それは、僕の想像ですが、「内面」を問題にしていては、まとまるものもまとまらないからだと思います。

日本とは比べ物にならないぐらいさまざまな人種とさまざまな価値に溢《あふ》れるアメリカでは、「チームのことをどう思っているか」を問い詰《つ》めるのではなく、「勝つためにチームに何をしたか」を判断の基準にすることを選んだのだと思います。というか、それしか前に進む方法がなかったともいえます。

日本人は今まで、「みんな同じ内面を持っているはずだ」という前提が強かったのでしょう。だから、「行動」ではなく「内面」を問題にできたのです。

大晦日《おおみそか》の紅白歌合戦は、1963年の81・4%という視聴率をトップに長い間、70%台を維持しました。この時代は「内面」を問題にしても、お互いはそれほど違っていなかったのだと思います。みんな同じものを見て、同じ考えをして、同じ感覚である、とみんな信じていたのです（本当は違っている人もいたんですけどね）。

それが、今は、視聴率は30%台前半になり、テレビの別の番組を見る人が増え、さらにテレビではなくネットの動画を見る人が増え、と「内面」は多様化してきました（長く語りたくないので、少々乱暴に紅白歌合戦で多様化を代表して説明しています。

ご了承ください)。

現実は変わってきているのに、「内面」を問題にするという今までの思考習慣がずっと残っているのだと思います。そして、それは、あちこちで軋《きし》み始めていて、だからこそ、「内面」より「行動」を問題にした方がいいと僕は思っているのです。

トロンさん。長く説明してきましたが、僕の言いたいことを分かってくれたでしょうか?

「心の中では差別的な感情を持っている」ことと、「見た目の悪い方のメニューをその知的障害(であろう)の方に出し」たことは、まったく違うと、僕は考えているということです。

前者は、内面であり、後者は行動です(もちろん、店長の「それとなく嫌悪感を表」すことも行動です)。

「同時に注文された」と書いていますが、0・1秒の誤差もないぐらい同時ということはないんじゃないでしょうか。だとすれば、そこは注文の原則として、先に注文された方に、(0・1秒でも先に)上がってきた品物を運べばいいんじゃないかと思います。

この話をすると、「鴻上は『面従腹背《めんじゅうふくはい》』を勧《すす》めているのか？」とか「腹黒くていいって開き直ってるの？」と言う人がいるのですが、もちろん、そんなことはありません。

僕が提案しているのは、「実践的な生き方の知恵」だと思っています。

「内面」は目に見えません。目に見えないものを問題にすると、「声が大きい方」とか「決意を振り回す方」が勝つことになります。別の言い方をすれば、「言ったもん勝ち」の世界です。

リア王の長女と次女のように、とにかく語ればいいのです。三女のように、言葉に誠実であろうとすると、「内面」はとても弱いものに見えるのです。

アジア・太平洋戦争の時の「銃後《じゅうご》の守りの決意」も同じでしょう。大きな声で何度も繰り返し叫《さけ》ぶことが、「内面」を表すことだと受け止められたのです。

これからますます、望むと望まざるとにかかわらず多様化していく私達日本人に対して、「内面」を問い詰め、確認を求め続けることは、かえって、分断と分裂の原因になると僕は思っているのです。

だから、「内面」を問題にするのではなく、「行動」を問題にするようにシフトする必要があると思っているのです。

　アメリカと書きましたが、西洋文化はこの方向にシフトしていると僕は思います。もちろん、シフトせざるをえないということです。

　いちいち相手をつかまえて、「内面はどうなの？　本当は好き？　嫌い？　差別している？」と問い掛けることは、分断と不寛容《ふかんよう》しか生まないと分かったからこそ、「あなたの行動や言葉を判断する」に変えたのです。それは、賢《かしこ》く生き延びるために選んだ知恵とも言えます。

　この考え方は、ビジネスシーンでバリバリやられている方には、受け入れられやすいです。お互いがお互いのことを嫌いなんだけど、ビジネスとしては手を組んだ方が大きな利益が出る時に、それぞれの「内面」を問題にしている場合じゃないと、踏《ふ》ん切《ぎ》るからだと思います（もちろん、お互いがお互いを尊敬して、認め合っている関係が最高です。でも、そうでない時に、「じゃあ、やめます」と言えない場合も多いからです）。

　それにね、トロンさん。「内面」を問題にしていると、トロンさんの相談のように、真面目な人ほどどんどんどん自分を嫌いになってしまうでしょう。「とても落ち込」むでしょう。

でも、「内面」じゃなくて、「行動」が問題なんだと考えれば、気持ちが楽《らく》になっていくと思うのです。自分を責《せ》め続ければ、やがて「私をこんな気持ちにさせる人達とは接したくない。どうしてあんな人達がいるんだろう」とまで思うかもしれません。

でも、とりあえず、態度にも言葉にも出してない状態ならいいんだと思えれば、冷静に受け止められるようになるでしょう。そして、「どうして、こんな感情が私に起こるんだろう」「この感情はなんだろう」と見つめる余裕が生まれると思うのです。

トロンさん。どうですか？　考えすぎず、自分を嫌いにならず、「内面」と「行動」を区別する生き方を僕はお勧めします。

相談20

素敵《すてき》な彼から想われる娘の幸せそうな姿に、羨《うらや》ましくて気が狂いそうになります

49歳・女性　まみっこ

はじめまして（鴻上先生のさまざまな悩みへの真摯《しんし》な回答にいつも心打たれている一人の主婦です）。さて、恥《は》ずかしくて誰にも相談できない悩みを聞いてください。

私には高校2年生の娘がいますが、物心《ものごころ》ついた時から今まで、お互い何もかも包み隠さず話してきました。その娘に最近彼氏が出来ました。相手にもとても大事にされているようですし、娘にとっても初めて心から好きになれる異性ができて、大事な時期に人として成長できるいい経験になると、母としては喜んでいます。

お相手は同じ歳《とし》の他校の高校生ですが、運動神経抜群《ばつぐん》で（サッカーで全国レベルです）、容姿《ようし》も良く、性格も娘によると穏《おだ》やかでとても素敵な人だそうです。

ただ、逐一《ちくいち》娘が報告してくる相手からの甘い言葉や紳士的な態度、初めて手を繋《つな》い

だ時の状況などに娘が幸せそうで何よりと思う半面、心の奥では妬《ねた》んでしまう女としての自分がいます。

振り返ると、私の中学から大学までの時期は家が負債《ふさい》を抱《かか》えたり、片親を亡《な》くすなど、家庭の事情で混乱していた時期でもありました。男女交際はおろか、あらゆる人に心を開ける余裕がありませんでした。

そして、社会に出てから知り合った今の主人しか正式な交際も性関係もなく、いわゆる青春期がぽっかりと抜け落ちてしまっているのです。

その後は2人の子供に恵まれましたが、子育てに翻弄《ほんろう》され、やっと落ち着いてきた今になって、恥ずかしながら誰かと恋をしたり胸がキュンとする気持ちになりたい感情に支配されています。

主人のことは尊敬してますし、夫婦仲も良く問題ありません（ただ、性関係は数年前に終わりました）。

実際の不倫願望があるわけではないです。

何《なに》不自由ない充実した青春を送り、素敵な彼から想われる娘の幸せそうな姿に自分を投影して、時々羨ましくて気が狂いそうになるのです。

そういった感情を娘に悟《さと》られないように必死で隠していますが、娘は今時《いまどき》珍しく、なんでもありのまま伝えてきます。
この恋を応援している自分と嫉妬《しっと》してしまう自分の心のバランスをどうとっていけばいいでしょうか？

…………………

まみっこさん。つらいですよね。まみっこさんの「心の奥では妬んで」しまい「羨ましくて気が狂いそうになる」感情は、とても自然なことだと思いますよ。
だって、いつもいつも、いくら娘とはいえ、幸福な恋愛話でノロケられたら、つらくなるのは当り前です。
まみっこさんは「恋を応援している自分と嫉妬してしまう自分の心のバランス」の取り方を質問されていますが、僕には割《わり》と明確だと思います。
だって、まみっこさんの希望は、「誰かと恋をしたり胸がキュンとする気持ちになりたい感情」なわけでしょう。でも、「夫婦仲も良く問題ありません」し「不倫願望があるわけではない」んでしょう。

だったら、答えはひとつじゃないですか。

「推《お》しをつくる」。これしかないですよ。

えっ？　そんなことかと思いました？

いえいえ、本当に大好きな推しができれば、胸なんてキュンキュンして、体温バクバク上がって、心臓がドッキンドッキンして、そりゃもう素敵なことになりますよ。

映像でしか見られない推しでも全然いいですが、できれば、ライブパフォーマンスをしている推しの方が、効果は大きいですね。

歌手だったり、舞台をやる俳優さんだったりすると、同じ空間で、推しのフェロモンを感じられますから、身体への影響は大きいです。

僕が今までもらった芝居《しばい》のアンケートで忘れられないもののひとつに「昨日、客席から××さんが出てきて、私のすぐ横の通路を歩きました。今日、生理が始まりました」というものでした。このお客さんは、二日続けて、芝居を見に来てたんですね。で、生理が始まったことを、演出家の僕に報告したくなったんですね。二十代だった僕は、ただアンケートを握りしめて「す、すげー！」と叫《さけ》んでいました。

まみっこさんがどうなるか分かりませんが、とにかく、推しの力はそれぐらいすごいということです。

でね、もし、「そんなこと言われても、誰を推したらいいかよく分からないし」と思ったら、思い切って娘さんに相談するのはどうですか？

「ママも、なんだか、胸がキュンキュンしたくなった。といって、パパを裏切るつもりはないから、誰か推しをつくりたいの。誰かいい人、知らない？」と聞いてみるのです。

何人か候補をあげてもらって「うーん。この人はタイプじゃないなあ」「あ、こんな感じかなあ。でも、もう一声《ひとこえ》」と具体的に娘さんと話すのです。

そうするとね、娘さんの「恋愛報告」を聞いているだけじゃなくて、まみっこさんの能動《のうどう》的な人生もスタートするでしょう。

今までは、ただ受け身の人生だったわけで、それではつらいのは当り前なのです。

で、何人かの候補の後に、「ようし。この人にしてみるか。ついては、来月、この人の出るミュージカル（からライブ）があるから行ってみよう」なんて決意し、初めてはドキドキするでしょうから、娘さんを誘うのです（娘さんが勉強とデートに忙《いそが》しかったら、まみっこさんの友達でもいいでしょうが）。

どうですか？　まみっこさん。こうやって、積極的にまみっこさんの人生で「胸キュン」することを探すことが、一番良いバランスの取り方だと思います。

さあ、レッツキュンキュンキュン！

相談21

受験を控《ひか》えていますが、この顔で大学に行く人生は嫌《いや》です

18歳・女性　みすた

高校3年生です。小さい頃から自分の顔が社会的にいわゆる「ブサイク」であると感じてきました。一人で鏡を見て死にたくなるというより、ほかの人の顔と比べて目が小さく上についてるな、鼻の高さが全然違うな、と思ったり、初対面の人や正直な人からの反応だったりから、そう結論に達《たっ》したという感じです。

ちなみに両親からの濃い遺伝で、顔という最も遺伝しやすい要素が不利なのに、なぜ親ガチャの外れくじに自《みずか》らなろうとするのだろうと思っています。

顔の整った人を優先してしまう、ブサイクにいらだちを感じるというのは、隠すことがマナーであるものの本能的なもので、是非《ぜひ》はともかくルッキズムも仕方のないことだと思っています。実際に自身にもそのような感情があります。なのでブスに生ま

れてしまったからには、より楽しく生きるには整形が良い選択だと思っています。
周りの大人や本、ネットなどから「大学が人生で一番多様な人と知り合いになる」と知ったので、大学生になるタイミングで整形をしようと決めました。バイトは高校が不可、家が比較的裕福だったので、説明したら辛《つら》さがわかってくれるだろうと信じて今まで費用を出してもらえるよう説得をしてきました。しかし、全くわかってもらえず今まで来てしまいました。受験を控えていますがこの顔で大学に行く人生は嫌なので、親が出してくれないのなら志望校を下げ今から高額バイトをするしかありません。

親に高額な請求をしていることが一般的ではないとわかっています。しかし、普通から外れた顔に産むのは子どもに重い不幸を味わわせるもので、その不幸を避《さ》けられる方法があり経済的にも可能なのに放置するのは「愛していない」と同義に感じます。

整形で生まれつきの美人と同じ幸せが手に入るとかは思っていないですが、整形でよりよい人生を歩む人は本にもネットにも溢《あふ》れています。それなのに父と母は顔によって世間《せけん》はそこまで差別しないというし、わかってくれると思って行ったメンタルクリニックでは、顔の整った先生に何一つわかってもらえず絶望してしまいました。

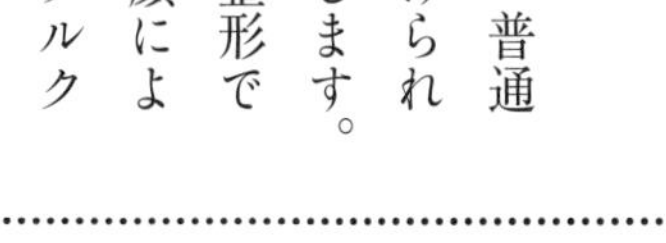

「ブサイク村」という表現を著書でされていることから、社会にそういう意識があることを鴻上さんなら認めてくださると思って質問をさせてもらいました。ブサイク村の住民として差別や気遣《きづか》いを受ける苦しみはもう嫌です。どうか私の両親を説得してください。よろしくお願いいたします。

…………………

みすたさん。いろいろと考え、そして悩んでいますね。確かに僕は自分のことを「ぶさいく村」出身と言っています。大学で演劇サークルに入り、朝から晩まで先輩の劇団を手伝い、ボロボロになって銭湯《せんとう》に行き（その頃、僕は風呂なしアパートに住んでましたから）、隣《となり》にぶさいくな顔をした奴《やつ》がいるなあと思って見たら、鏡に映った自分の顔だったという衝撃的な体験をしました（笑）。

人は自分の顔を鏡で見る時、気合《きあい》を入れてだいたい20％ぐらいいい顔になります。アプリを使った場合は、平均で50％からMAXは無限大まで、ですね。ですから、力を抜いた無防備な自分の顔を見る機会はなかなかないのです。

生来《せいらい》のノンキさで、自分の顔のコンディションをしみじみと分かってなかったんですね。振り返ると、5対5の合コン（集団デートですね）の時に、僕が何を言っても、女の子達がイケメン君をずっと見ていたことがあるなあと思い当たりました。

みすたさん。みすたさんが書いているように「ルッキズム」という外見からくる差別や偏見は、残念ながら存在します。

僕は男性ですから、まだ「ぶさいく村」と軽口《かるくち》めかして書けますが、「ルッキズム」は、間違いなく男性より女性に凶暴に襲《おそ》いかかり、女性の生きづらさの大きな原因のひとつになっています。「ルッキズム」は女性差別の問題と言えるのです。

困ったことに、「ルッキズム」はスマホによって加速していると僕は思っています。

私達はスマホを持つことで、簡単に自分と他人の顔を比べられるようになりました。手軽に他人の美醜《びしゅう》をチェックできるようになったのです。隣の学校にいる美人さん・イケメン君は、昔は、写真を撮《と》って現像してプリントしないと、流通できませんでした。今は、スマホの画面に秒で登場します。日常的に美人さん・イケメン君の写真や動画に接するようになりました。

そして、スマホが私達の自意識を肥大《ひだい》させます。スマホは、人類がかつて持ったことのない「自意識肥大装置」だと僕は思っています。

簡単に自分の顔が撮れて、あっと言う間に他人の評価が「いいね」や「フォロワー」「ビュー（閲覧）」の数として冷静に突きつけられるのです。なんとなくいいとか、なんとなく評判が悪い、なんていう一昔《ひとむかし》前のノンキな時代ではなくなりました。

そして、スマホのアルゴリズムによって、広告がとても丁寧《ていねい》に私達を包囲《ほうい》します。脱毛や美容整形に少しでも興味を持って検索すれば、広告はその後もずっと追いかけてきます。「買えば人生が変わります」と、スマホの画面でささやき続けるのです。スマホ時代の「ルッキズム」はじつに手強《てごわ》い存在になったと僕は思っているのです。

みすたさんの苦しむ気持ちとご両親の気持ちのズレの原因のひとつは、スマホの環境の違いがあると思います。

それからもうひとつ、僕がこの連載でずっと言っている「同調圧力《どうちょうあつりょく》の強さ」と「自尊《じそん》意識の低さ」という「日本の宿痾《しゅくあ》（長い間治らない病気）」が、日本の「ルッキズム」をさらに凶暴にしていると僕は思っています。

「同調圧力」の強さによって、「人と違う美しさ」「自分自身が選んだ生き方」が否定されることが多くなります。「よくそんな格好《かっこう》できるね」とか「自分を可愛《かわい》いと思ってるの？」なんていう言い方が典型ですね。

「自尊意識」は、単純に言うと「自分って大切」と思う気持ちですが、日本人はさまざまな国際的な調査によって、この意識がとても低いことが明らかになっています。

それも、「自分という存在」の位置が低いだけではなく、「自分なんて醜《みにく》い」という美的観点と「健康じゃないし」という保健的観点からも低いのです。つまり、「私なんて全然可愛くない。とても醜い」と思っている割合が、世界的に見て高いのです。ちょっとびっくりでしょう？

さて、みすたさん。「どうか私の両親を説得してください」という依頼ですが、今のままではどうもみすたさんの希望をかなえることができそうにありません。

それは、みすたさんの相談を読んで、とてもチグハグな印象を持ったからです。みすたさんは、とても聡明《そうめい》に、自分にもそういう感情があるから「是非はともかくルッキズムも仕方のないこと」と分析し、「整形で生まれつきの美人と同じ幸せが手に入るとかは思っていないです」と書き「親に高額な請求をしていることが一般的ではないとわかっています」と書きます。

とても冷静な文章だと感じます。

でも同時に、「周りの大人や本、ネットなどから『大学が人生で一番多様な人と知り合いになる』と知ったので」と書きます。本当ですか？　人生で一番大切な時間が大学生活ですか？　「知り合いになる」と書かれていますが、みすたさんは、大学生活に何を期待していますか？　華《はな》やかなサークル活動？　素敵《すてき》な恋愛？

さらに「親が出してくれないのなら志望校を下げ今から高額バイトをするしかありません」と書きます。「高額バイト」とはなんでしょうか？　水商売的なこと？　それとも風俗？　それをして、大学のレベルを下げてでも獲得したいのは、どんな大学生活ですか？　みすたさんが、一番、大切にしたいものはなんですか？　華やかな大学生活？　華やかってどういうことですか？

「普通から外れた顔に産むのは子どもに重い不幸を味わわせるもので、その不幸を避けられる方法があり経済的にも可能なのに放置するのは『愛していない』と同義に感じます」という文章は、とても感情的で責任をすべて親に押しつけているように感じます。冷静になって読み返したら、みすたさんも分かるんじゃないですか。これはまるで、二流ドラマで「全部、親が悪い。私は何も悪くない。全部、親のせいだ！」と叫《さけ》んでいる不良みたいじゃないですか。

聡明に分析している反面、イメージや感情で語っていることが多いと感じたのです。それが、チグハグな印象の原因です。

みすたさん。僕は美容整形を否定しません。そうすることで、人生が前向きに変わるのなら、それはとても素敵なことだと思っています。

ただし、「整形でよりよい人生を歩む人は本にもネットにも溢れています」と書いていますが、どんな本を読みましたか？　整形しても期待したほど人生が変わらなくて、次々と整形をくり返して、整形に依存するようになってしまった人の例は読みましたか？　美容整形の記事のふりをした広告ではなく、現実の声をどれぐらいネットで見つけましたか？

僕には、みすたさんはまず「整形したい。そうしたら絶対に人生が変わる」という結論があって、それに合致《がっち》するネット記事や本だけを読んだような気がします。違っていたらごめんなさいね。

『見た目が気になる――「からだ」の悩みを解きほぐす26のヒント』（河出《かわで》書房新社編）は読みましたか？「見た目」が気になり、「ルッキズム」に苦しんだ人達がどうやって対応し、生き延びてきたかを書いた本です。もちろん、美容整形を選んだ人もいるし、いない人もいます。それぞれが、「見た目が気になるとはどういうことか？」を考えた本です。

『今のままでゆるぎない自信を手に入れる』(藤井美穂《ふじいみほ》著、大和《だいわ》書房)は、どうですか?

日本で見た目をからかわれ、バカにされた藤井さんが、アメリカに渡って、「プラスサイズモデル」として成功し、ボディポジティブという生き方を選んだ記録です。藤井さんは、この本の中で、美容整形を「前向きな気持ちで肉体改造をして『自分の意志でやり遂《と》げた!』と思えたら、それは自信につながります」が、「逆に『こうならないと自分には価値がない……』『こうしないと幸せにはなれない』という後ろ向きな気持ちや義務感からやるのは、良い傾向とはいえません」と書きます。そういう精神状態で受けると、いろいろと問題が起こる可能性があると言うのです。

『女の子はどう生きるか——教えて、上野先生!』(上野千鶴子《うえのちづこ》著、岩波《いわなみ》書店)は、読みましたか? 男女格差を表すジェンダーギャップ指数が146カ国中116位(2022年)の日本で、女の子がどう生きればいいのか、生きづらさを克服するためにはどうしたらいいかを書いた本です。

「ルッキズム」に悩んでいる人は、みすたさんだけではなく、多くの人が葛藤《かっとう》し、自分なりの結論を出していることが分かります。正解はひとつではありません。それぞれの人が、自分にとっての正解を探し、選んでいるのです。

さて、僕の最終的なアドバイスを言いますね。

まずは、この三冊の本を読んでなければ読むことをお勧《すす》めします。このみすたさんにいろいろと考えるヒントを与えてくれるでしょう。聡明なみすたさんなら、「この本は単純に美容整形を否定する本ではない。この本は、つまりは、自分はどう生きるか、自分にとって美とは何か、自分にとって大切なものは何かを教えてくれる本だ」と分かるでしょう。

すぐに答えは見つかりませんから、高額バイトはしないで、大学のレベルを落とさないまま、受験勉強を続けることをお勧めします。そして、前向きな気持ちで美容整形を受けるのは、大学生活を続けながら、手術費用をみすたさんの力で貯《た》めた時がいいと思います。

大学生活は4年で終わりますが、みすたさんの人生はその後も続きます。いえ、その後の方が大切です。

今、みすたさんは、大学生活に間に合わなければ、人生が終わりみたいに思っているのでしょう。一体、誰が「大学が人生で一番多様な人と知り合いになる」と言ったのか知りたいところですが、そういう人もいればそうでない人も大勢います。少なくとも、卒業後もずっと大学時代に知り合った人達との関係が一番だ、なんて人はとても少数でしょう。クラスメイトやサークル仲間という「大勢の人」と「出会い」ますが、「多様な人」かどうかや、どのレベルで「知り合い」になるかは人それぞれです。

みすたさんが稼《かせ》いだお金で手術を受けた方がいいと言っているのは、その方がみすたさんが自分で選んだ責任として、はっきりと自覚できるからです。

今、親に出してもらえたとしたら、親に頼った子供のままです。それでも、人生が変わらなかったら、みすたさんはまた親を責《せ》めたり、頼ったりすると僕は心配します。自分でバイトし、自分でお金を貯めることで、自分の人生の決断だと引き受けられるのだと思います。

大学生活の途中で手術を受けることに戸惑《とまど》いますか？　ではひとつ質問ですが、もし、受験前に美容整形を受けて顔が変わったとして、みすたさんはそのことを大学で知り合った「多様な人」に言うつもりですか？　それとも、高校までの写真はいっさい見せないつもりですか？　高校の知り合いから、大学で「知り合った人」に整形したことが伝わった時にどう言うつもりでいますか？

紹介した二冊目の著者藤井さんは、「もし整形するなら、精神面での適切なサポートを受けられるかどうかはかなり重要になってきます」と書きます。みすたさんが、どういう心構えを持つかは、とても大切なことです。

手術代があまりに高額で、そんなお金はバイトでは稼げないという場合は、何百万かを大学4年間で貯めて、残りを親に借金するという手もあるでしょう。4年間、必死にお金を貯めていたら、親も「娘は本気だ」と説得できるかもしれません。でも、借金です。必ず返すという責任感が大切だと思います。

どうですか、みすたさん。

これが僕のアドバイスです。僕は、自分が「ぶさいく村」出身と分かった後、「言葉を獲得しよう」と思いました。合コンで、ずっとイケメン君を見ている女の子達に、「興味深い・面白《おもしろ》い言葉」でこっちを振り向かせようと思ったのです。その結果、僕は作家・演出家になれたと思っています。

今、みすたさんに必要なのは、「言葉」と「確固《かっこ》たる考え方」だと僕は思います。「整形で生まれつきの美人と同じ幸せ」とみすたさんは書きますが、美人に生まれただけで無条件で幸せとは限らないことは多くの人が知っていることでしょう。美人だからこそ不幸になる人もいるし、美人という理由で玉《たま》の輿《こし》に乗れても、中身の空《から》っぽさで離婚を突きつけられる人もいます。昔、女性にとって結婚は「永久就職」なんて言われましたが（信じられないでしょう？）、今は三組に一組が離婚する時代です。美だけをパスポートに進める時間はどんどん短くなっているのです。

だからこそ、みすたさんが整形で美人になった時、しっかりとした考え方と言葉を獲得していたら、ものすごく素敵だと思います。

みすたさん。これが僕のアドバイスです。

相談22

コロナで修学旅行に行けなかった娘の気持ちの切り替え方についてアドバイスをいただきたいです

38歳・女性　中学生母

こんにちは。娘が楽しみにしていた修学旅行前に新型コロナに感染し、キャンセルを余儀《よぎ》なくされました。

新型コロナが流行《はや》り始めてから娘の学校行事は感染防止措置を理由に相次いで中止や延期となり、親から見てもこの年代の子どもたちは本当に可哀想《かわいそう》な思いです。

修学旅行も中止かと感染状況と日々にらめっこして注視してましたが、決行されることになり喜んでいた矢先、娘が新型コロナ感染となってしまいました。療養期間含《ふく》め、修学旅行の日程と重なってしまい、楽しみにしていた修学旅行をキャンセルすることになりました。

幸《さいわ》い症状は数日で快方《かいほう》に向かい、後遺症などもなさそうで安心ですが、修学旅行の前日から気分の落ち込みが激しくかなり憔悴《しょうすい》してます。このままでは学校も嫌《いや》になり不登校になってしまうのではないかというような落ち込みぶりです。また普段の生活態度、学習面でも努力が足りない節《ふし》があり、バチが当たったんだと言ってしまったことがありそれも娘を傷つけてしまいました。

鴻上さん、中止が続いた中学生活唯一《ゆいいつ》のお泊まり行事に一人だけ行けなかった娘に気持ちの切り替え方、この経験を人生に生かす方法などあればアドバイスお願いします。また、母である私も娘を修学旅行に行かせられなかった事で力不足を感じております。人生の不条理《ふじょうり》を乗り越えて、また笑顔で暮らしていけるよう背中を押していただけないでしょうか。

中学生母さん。中学生母さんと娘さんの苦しみは、多くの日本人が、今もなお現在進行形で経験していることだと思います。

2020年、僕は『スクール・オブ・ロック』というミュージカルを演出することになっていました。1500人以上の小学5、6年生と中学1年生たちをオーディションして、24人を選びました（子供なのでダブルキャストにする必要があって、1チーム12人です)。小学生がロックバンドを組む物語なので、楽器の演奏があるのですが、ピアノやドラムが演奏できる人はもちろん、中には、この作品のためにベースを必死で半年以上練習して、オーディションに受かった小学生の女の子もいました。

けれど、コロナ禍《か》で公演は稽古《けいこ》直前で中止が決まりました。

大規模な公演であればあるほど、劇場や俳優のスケジュールをもう一度押さえることは難しく、最低でも2、3年先にしか再チャレンジのチャンスはありません。

2020年の公演が中止になったということは、小学生の物語ですから、オーディションを勝ち取った子供達にとって、一生に一度のチャンスが消えたということでした。再チャレンジの公演は2023年に決まりましたが、子供達は変声期《へんせいき》を迎え、体も大人の準備に入っています。小学校の先生役の大人は3年たっても出演できますが、子供達はできないのです。コロナ禍が、人生に一回のチャンスを奪ったのです。

『アニー』という別のミュージカルでは、公演が初日だけで中止になり、楽屋で小学生が別の小学生に「胸をこうして叩《たた》くと、涙が止まるから」とアドバイスしていたと、目撃した大人がツイートしていました。

中学生母さん。つらくてどうしようもない時は、その感情を吐《は》き出したり、泣いたり、気分転換したり、1人になってうずくまったりしながら、時間をかけて立ち直るしかないでしょう。

中学生母さんが横にいて「母である私も娘を修学旅行に行かせられなかった事で力不足を感じております」というネガティブな感情を出すことが最もまずいことだと僕は思います。また、中学生母さんは正直に書かれていますが、「バチが当たったんだ」というのは最悪の言葉でした。

コロナ禍の初期、コロナにかかった人に向かって「裏切られた気持ちだ」と言ったり、コロナ患者の出た会社に「名前を公表しろ」と詰《つ》め寄ったのと同じぐらい「人生の不条理」な言葉ですね。

この一言で、娘がグレてもしょうがないぐらいの酷《ひど》い言葉です。

どんなに感染対策をしても、感染する時は感染するんだということを、人類はこの2年半で学びましたからね。でも、それを今、悔《く》やむのは意味がないし、してはいけないと思います。

中学生母さん、「気持ちの切り替え方、この経験を人生に生かす方法などあればアドバイス」と書かれていますが、しばらくは、娘さん1人に任せた方がいいと思います。中学生母さんは、自分を責《せ》めず、娘の気持ちに引っ張られず、毎日の生活を前向きに生きることが一番大切なことだと思います。

中学生母さんが、まず人生を楽しむのです。毎日をしっかりと生きるそのエネルギーは、きっと娘さんをいい方向に向かわせると思いますよ。

相談23

「先生」に対する世間《せけん》のイメージに押しつぶされそうなことがあります

32歳・女性　トトロ

私は、大学卒業後から公立の小学校で働いています。大変なことの方が多くて、なぜこんな思いをしてまで続けるんだと自問自答《じもんじとう》する日もありますが、やはり子供たちと過ごす時間がかけがえのない宝物だから続けてきました。

でも、この仕事を辞《や》めようかと思っています。「先生」に対する世間のイメージに押しつぶされそうなことがあるからです。先生は、勉強を上手《じょうず》に教えられて当然、クラスをまとめられて当然、など、誰に責《せ》められたわけでもないのに、プレッシャーで逃げ出したくなることがあります。クラス分けをし、子供に圧力をかけて小さな枠《わく》の中に押し込むような、教育のあり方にも疑問があります。

今は発達障害という言葉も一般的になってきています。あんなに狭《せま》い世界にいるこ

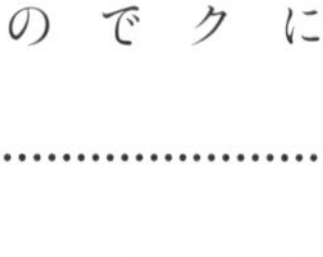

とを強制されて、ついてこられない子供がいるのも当然だと思います。でも、集団からはみ出る子が一人でもいることを、許せない教師もいます。どんな方法をとっても圧力をかけて自分の言うことは聞かせるように躾《しつけ》ようとする人もいます。私は、それは恐ろしいことだと思います。プレッシャーから逃げたい自分と、今は現状を変えられないけれどこういう考えを持っている人間が一人でも教育現場にいることで、誰かの力になれるのかもしれない、と考える自分の両方がいます。どちらかというと、辞めて逃げてしまいたい……という気持ちが勝《まさ》っています。

　でも、自分に力がないから自信が持てずに逃げ出したくなるのだとも思います。とにかく本を読んだり、研修に参加して力をつけることで見えてくるものがあるのかもしれないと、必死に今もがいています。教育とは一体何なんだろうと思い悩みながらも、できることを日々がんばります。以前、女性の医師の方に贈られた詩（おぞねとしこ「花」の一部／単行本『おっとどっこいほがらか人生相談』の相談28）が私の宝物です。まとまらない相談ですが、もし、何か励《はげ》みになるような詩や言葉をいただけると嬉《うれ》しいです。よろしくお願いします。

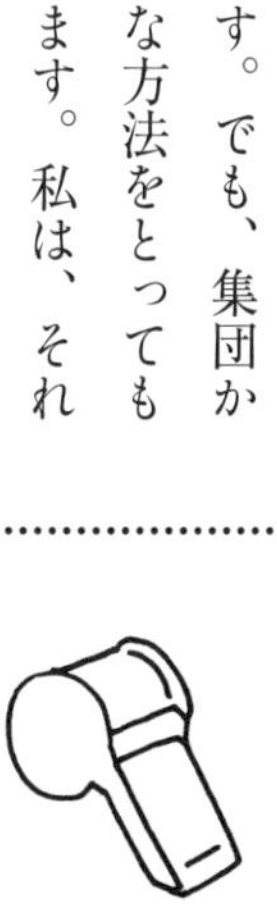

トトロさん。大変ですね。苦しみ、葛藤《かっとう》されているようですが、僕はトトロさんの相談を読んで、トトロさんのような人こそ、学校の先生であって欲しいと思いました。

僕は演出家をかれこれ40年近くやっています。その間、いろんな演出家さんに会いました。自信満々に俳優に命令を出し続ける人もいれば、いつも不安で俳優の顔色を窺《うかが》いながらお願いし続ける人もいました。

いろんなタイプの演出家を見て、僕がなりたいと思ったのは、演出の指示をちゃんと出しながら、常に自分の演出を疑い、俳優やスタッフの声を聞ける演出家です。ちゃんと演出の指示を出し（時には自信満々に見えながらも）、これでいいのか、もっといい演出はないのか、もっといい伝え方はないのかと、常に試行錯誤《しこうさくご》を続ける演出家になれたらいいなと思っています。

その意味では、「絶対の自信と安心」はないですから、不安になったり、迷ったり、プレッシャーに押しつぶされそうになります。でも、それは、より良い方向に変わるために必要なことだと腹を括《くく》っています。

トトロさんが「教育とは一体何なんだろうと思い悩みながらも、できることを日々がんば」るように、僕もまた「演出とは一体何なんだろうと思い悩みながらも、できることを日々がんば」るだけなのです。

「本を読んだり、研修に参加して」トトロさんが力をつけようとするのは素晴《すば》らしいことだと思います。

ただ、僕が心配するのは、トトロさんの文章から、トトロさんがとても真面目《まじめ》なんじゃないかということです。ちゃんと生活でオンとオフを使いわけていますか？　仕事の時は、オンですが、休みの時はすべてを忘れてオフになっていますか？

俳優さんの中にも、とても真面目な人がいて、稽古《けいこ》休みの時も休演日の時もずっと芝居《しばい》のことを考えている人がいます。あまりに深刻になったり、対象に対して距離が近くなると、見えなくなってくるものが生まれます。ですから、そういう人には、僕は「明日の休みは芝居のことはいっさい考えない。温泉でも海でも遊園地でも行って、どーんと遊べ！」と言ったりします。

あと、プレッシャーを意識しすぎる時は、穏《おだ》やかにかわす「スルー力《りょく》」も必要だと思います。トトロさんが書くように、「勉強を上手に教えられて当然、クラスをまとめられて当然」というプレッシャーを感じた時に、「がんばろう」と思う時もあれば、

「そうねえ、そうなれたら素敵《すてき》ですよねえ」とノンキに答えて、息をつけるテクニックを身につけられたらと思います。

僕は演出家として、あまりに大規模で「成功して当然、お客さんが入って当然」という大プレッシャーの作品を演出する時は、割《わり》と簡単に「僕一人の力では、完全に無理なので、どうか助けて下さいね」と各部署に言って回ります。言われた方は、演出家がわざわざ来るので驚いた顔を見せることが多いですが、悪い気はしてないと思います。

さて、トトロさん。「何か励みになるような詩や言葉」ですね。言葉は「オンとオフ」と「スルー力」です。

詩は、例《たと》えば、谷川俊太郎《たにかわしゅんたろう》さんのこんな詩はどうですか？

冬に

ほめたたえるために生れてきたのだ
ののしるために生れてきたのではない

否定するために生れてきたのではない
肯定するために生れてきたのだ

無のために生れてきたのではない
あらゆるもののために生れてきたのだ
歌うために生れてきたのだ
説教するために生れてきたのではない

死ぬために生れてきたのではない
生きるために生れてきたのだ
そうなのだ　私は男で
夫で父でおまけに詩人でさえあるのだから

最後の二行を、
「そうなのだ　私は女で

（トトロさんの立場で、例えば）娘でおまけに教師でさえあるのだから」
と口《くち》ずさむ時に変えても、谷川俊太郎さんはきっと許してくれると僕は思っています。

相談24

子どもを産まないと決めている私と、子どもが好きな彼。別れたほうがいいでしょうか

34歳・女性　エル

私は子どもを産まないと決めています。

たくさん考えた末《すえ》の結論であり、気持ちは揺《ゆ》るぎません。

しかし、今付き合っている彼氏はとても子ども好《ず》きです。

いつかは子育てするのが夢だそうです。

付き合い始めの頃にその事を知ったので、彼氏に期待させないためにも、私は「子どもは産まない」という考えを日常の会話の中に時折《ときおり》混ぜ、相手にぼんやりとでも伝わればいいな、と思っていました。

付き合って1年、私は彼の事がとても好きになり、また、大事に思うようになりました。彼にも、とても大切に思ってもらえています。

その結果、私の存在が彼の子育てしたいという夢の邪魔《じゃま》になっているのではないか、と悩むようになりました。

友人に相談しても「好きな人の子なら産みたいと思うよ！」というような、私の子どもに対する考えを変えようとするアドバイスしかもらえません。

私が悩んでいるのは、彼の夢のために自《みずか》ら離れたほうがいいのかどうか、です。

好きだから離れたくないですが、彼の夢を大切にしたいという気持ちも同じくらいあります。

彼は40歳なので、年齢を考えると速く決断した方がいいのかなとも思います。

改《あらた》めてハッキリ自分の考えを説明した方がいいでしょうか？

そして、こちらから別れを切り出すべきでしょうか？

エルさん。そうですか。「子どもを産まないと決めて」いるんですね。でも、つきあっている人は、「子育てするのが夢」なんですね。

エルさんは、いろいろと考えて、そういう結論に達《たっ》したのでしょう。それは、当事者でない他人がとやかく言うべきものではないと思います。

僕のアドバイスはとてもシンプルです。「改めてハッキリ自分の考えを説明した方がいいでしょうか」と書かれていますが、彼が「いつかはエルさんは気持ちを変えてくれる」と思っているのなら、（または少しでも期待しているのなら）、改めてハッキリと自分の考えを説明した方がいいと思います。

エルさんが書かれているように、彼は40歳ですから、引き延ばしている時間はあまりないと思います。

その時には、期待させたり、誤解されないように、ちゃんと「子供を産まない」ということを伝える必要があるでしょう。

「こちらから別れを切り出すべきでしょうか」と書かれていますが、それは話し合ってから決めることです。エルさんではなく、彼の方から別れを言い出すかもしれません。

でも、お互いが好きになったのですから、エルさんは、ただ「自分の考えを伝える」だけではなく、「なぜそう思うようになったか」「そう決めたことで、あなたの夢を壊すことになってしまうという辛《つら》さ」「エルさんの人生の夢」などを全部、話した方がいいと思います。

一晩では終わらないと思います。お互いのことを大切に思っているからこそ、お互いに好き合っているからこそ、徹底的《てっていてき》にお互いの思っていることを話すことが重要だと思います。とことん話せば、彼はエルさんが子供を産む以外の「子供の持ち方」を提案するかもしれません。それに対して、エルさんがどう考えるかまでをちゃんと話す必要があるでしょう。

ちょっと余計《よけい》なことを書きますね。

僕は俳優志望者の人からたまに「役者はいっぱい恋愛をした方がいいんでしょうか？」と聞かれます。そのたびに、「相手が『他人』なら、あんまり意味はないね。でも、『他者』なら、恋愛するのは素敵《すてき》なことだと思います」と答えます。

「他人」と「他者」は違うと僕は思っているのです。

「他人」というのは、自分とまったく関係のない人のことですね。「相手に飽《あ》きた」とか「気に入らない」とか感じて、簡単に別れられるのは、相手が「他人」だということです。でも、「他者」は違います。「他者」とは「受け入れたいけど受け入れられない・受け入れないといけないけど受け入れたくない」という存在です。

例《たと》えば、「パートナーが浮気したら即《そく》別れる」と決めている人がいるとします。で、実際に浮気した時に、「じゃあ、さよなら」とスパッと関係を切れるとしたら、その相手は「他人」だったということです。

昔、「成田《なりた》離婚」という言葉が流行《はや》りましたが知ってますか？　新婚旅行で海外に出て、言葉が通じないので2人だけで話すしかなく（国内旅行だと土地の人と話して気分転換できますからね）、だんだんと関係が行き詰《づ》まり、成田空港に帰国した時には、離婚を決意していた、というカップルのケースです。

結婚したけれど、簡単に離婚を決意できるということは、相手は「他人」だったということです。

「他者」は違います。「浮気したら即別れる」と思っている人が、浮気したんだから別れようと思ったのに、相手が大好きだから別れたくないと思い、でも浮気したら別れると決めているから別れようと思い、でも相手が大好きで別れたくないと思い、でも……と葛藤《かっとう》する相手が「他者」なのです。

「浮気したら即別れると決めている」という自分のルールを、相手を大好きになった結果、「受け入れたいけど受け入れられない・受け入れないといけないけど受け入れたくない」と葛藤する相手が「他者」なのです。

「他者」の場合、問題が起こった時に、分かりやすい解決の仕方はありません。はっきりとした正解もありません。葛藤の中で、「どの結論を選んでもマイナスとプラスがある」という選択をするしかないのです。

そして一番大切なことですが、「他者」を相手に葛藤することが、人間を成熟・成長させるもっとも大きな要因だと僕は思っているのです。

先ほど書いた「役者はいっぱい恋愛をした方がいいんでしょうか？」という質問に

対する答えは、「他人」と恋愛しても、役者は成長しません。気に入らない相手をポンポンと捨てたり、別れたりしている限り、何人とつきあっても人間的に成長することはないと僕は思っています。

でも、たった1人を深く愛することで、相手が「他者」になった場合は違います。「他者」とつきあうことで「こんな気持ちになるんだ」「こんな言い方をしたらダメなんだ」「ここまで話さないとダメなんだ」「話しても話しても届かないことがあるんだ」「こんな言葉でこんなに嬉《うれ》しくなるんだ」とさまざまな発見をして、人間を深く知るようになり、人間的に成長すると僕は思っているのです。

一般的には、まず、親が「他者」として私達の前に現れます。

親がうるさく言うこと、例えば「片《かた》づけなさい」「早く帰ってきなさい」「勉強しなさい」は、「受け入れたいけど受け入れられない・受け入れないといけないけど受け入れたくない」ことです。

そういう「他者」としての親と葛藤することで、子供は人間的に成長します。

逆に言えば、黙《だま》って親の言うことを聞き続ける子供は、人間的成長という意味では、とても危険なのです。

そして、親の次に「他者」として現れるのが「パートナー」です。

エルさん。余計な話が長くなりました。

今、エルさんの相手は、まさに「他者」としてエルさんの前に存在しているのだと思います。

悩むし、葛藤するし、混乱するのは当り前なのです。

でも、徹底的に話せば、どんな結論になっても、お互いの立場は理解できると思います。お互いに、結論に納得《なっとく》できなくても、満足できなくても、理解し合うことは、好き合っている2人にとってとても大切なことだと僕は思います。

エルさん。ただ自分の決めていることを伝えるのではなく、分かりやすい解決の仕方も明確な正解もないまま、とことん話し合ってみることをお勧《すす》めします。

なによりも、好き合った2人なんですから。

相談25

怒《いか》りの沸点《ふってん》が低く、許すまでにとても時間を要してしまいます

33歳・女性　ビアード娘

鴻上さん、はじめまして。ビアード娘と申します。

怒りのコントロール方法について、ご相談したく存じます。私はいい年になりましたが、怒りの感情に日々振り回され、その度《たび》に自分に嫌気《いやけ》が差します。恥《は》ずかしい話ですが、些細《ささい》なことで本当に血管が破裂するのではないかと思うほど怒りの沸点が低く、許すまたは落ち着くまでにとても時間を要してしまいます。怒りを落ち着かせる方法について、一般的に知られている方法はこれまで何度も一定期間試《ため》してみました。

むやみに怒ることがどれほど無駄《むだ》であるか、怒る度に身に染《し》みて感じるのですが、どうしても表に出さずにはいられないのです。小さい頃から感情的でして、幼い頃には怒鳴《どな》り散らしてもいられたのですが、大人になるとそうもいかず……ただものすご

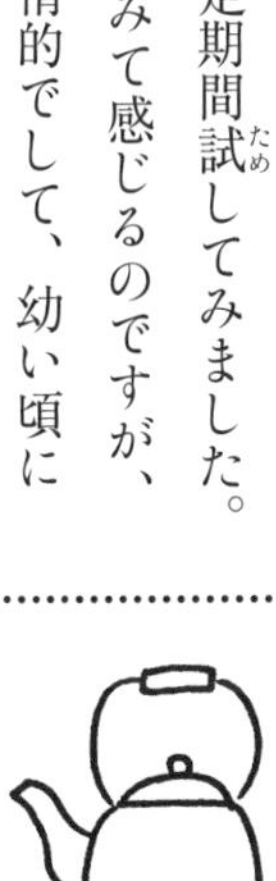

く怒った顔と雰囲気《ふんいき》で周りを威圧《いあつ》してしまいます。
もうある種《しゅ》の病気だと認識し、付き合うようにしております。鴻上さんは、こういった状況になることはございますでしょうか。このような感情との向き合い方は、年齢とともにどのように変化いたしましたでしょうか。もしよろしければ、ぜひお聞きしたいと思いました。よろしくお願いいたします。

……………………………

ビアード娘さん。そうですか。怒りをなかなかコントロールできませんか？
「一般的に知られている方法はこれまで何度も一定期間試して」と書かれていますが、これはいわゆる「アンガー・マネージメント」と呼ばれるものですね。
僕は正式に「アンガー・マネージメント」を受けたことはありませんが、普段から実践《じっせん》していることは、結果的にこの方法に近いと思っています。
僕は演出家ですから、いろんなことをいろんな人が言ってきます。僕自身が「それは理不尽《りふじん》だ」とか「それはあんまりだ」とか思うこともあります。ただし、そこで怒ってしまうと、すべてが台無《だいな》しになるか、パワハラ認定を受けて大騒ぎになるか、という二者択一《にしゃたくいつ》が待っているでしょう。

相手が大物の場合は、理不尽なことを言われて「ふざけんじゃねー！」と爆発してしまったら、「じゃあ、この話はなかったことに」で終わってしまいます。相手がスタッフとか若い役者の場合は「てめー！」なんて叫《さけ》ぼうもんなら、「鴻上のパワハラに苦しめられている」なんてネットに書かれたりするかもしれません。怒らないまでも、ムッとした顔で威圧していたら、みんなの協力が得られなくて、満足な作品創《づく》りはできなくなるでしょう。

若い頃は、大学生仲間で劇団を作り、プロになろうとしましたから、プロ意識のない相手に思わず激しく怒ったこともありましたが、プロになるにつれ、二十代後半ぐらいからだんだんと怒らなくなりました。

また、演出家としてキャリアを重ねる中で、「どんな人にも事情がある」ということが分かってきました。

一度、とても酒臭い状態で稽古場《けいこば》に来る女優さんがいて、周りの人は、「不謹慎《ふきんしん》だ」とか「芝居《しばい》をなめてる」と怒っていましたが、じっくりと話を聞いてみると、「毎晩、芝居がうまくいくか不安で眠れない。だから、寝ようとしてお酒を飲むんだけど、緊張しすぎてなかなか効かない」と泣きそうな顔で教えてくれました。

僕は頭ごなしに怒らなくて本当に良かったと思いました。

怒らなくなったのは、時代の変化も関係しています。僕がいつも言うように、時代は「協調性」から「多様性」に移ろうとしています。

「多様性」とは、「どんな人にも事情がある」ということであり、「自分が正しいと思うことを相手に押しつけてはいけない」ということでもあります。「自分が正しいと思うこと」が「世界の正しさ」ではないということが「多様性」ということです。

この連載で書いた「シンパシーという『同情心』ではなく、エンパシーという『相手の立場に立てる能力』」がますます大切になってくる時代だということです。

相手の立場に立とうとすれば、単純に怒っている場合じゃないと感じるようになるのです。

というようないろんな理由で、「怒り」をただ爆発させている場合ではないと思うようになりました。

と、書いても、もちろん人間ですから、怒りそうになる時はあります。そのために僕がしているのは、「アンガー・マネージメント」として有名な方法ですが、「怒りの感情が高ぶった時には、深呼吸する」「その場を立ち去る」「自分の怒りのランク付けをする」「自分の怒りのパターンを分類する」なんてことです。

「アンガー・マネージメント」では、「怒りを感じたら6秒待つ」というのがありますが、僕の場合、ただ待つだけでは難しかったですが、この間に深呼吸をゆっくりとすると、ずいぶん怒りが収《おさ》まりました。

それでも、爆発しそうになった時は、無言《むごん》でその場を去ります。相手は驚きますが、爆発するよりははるかにましだと思います。

「怒りのランク付け」は、怒りの感情が起こった時に「この怒りは、10段階で6ぐらいだな。だから、まだ我慢《がまん》できる」なんて考えることです。

よく演劇では、緊張している俳優に「今の緊張度は、10段階でいくつ?」と聞いたりします。そう聞かれると、緊張でガチガチになっていた俳優は、ふっと体の力が抜けて「……ええと、そうですね。7かな」と自分を振り返る余裕が生まれるのです。

「自分の怒りのパターンを分類する」は、僕はふだん温厚《おんこう》そうに見えますが(と、自分で言いますが)、読者の中には知っている人もいると思いますが、こと「ブラック校則」に関することには我《われ》を忘れそうになります。

何の疑問もなく「中学生らしくないんだよ」とか「高校生らしい服装しろよ」なん

て言っている先生がいると、ふつふつと怒りが魂《たましい》の底からわいてきて、なかなか、コントロールできなくなります。

あと「ネガティブをまき散らしている人」にも、敏感に反応します。遅刻をする人より、ズルをする人より、ドケチな人より、いい加減《かげん》な人より、強い怒りがわきます。ですから、なるべく「ネガティブをまき散らしている人」の周りにいないように決めています。そんなことで怒って嫌《いや》な気持ちになりたくないですからね。

そういう人とは、なるべく仕事で一緒《いっしょ》になる機会を作らないようにするし、顔を合わせないようにもします。

あと、経験的には、「怒りやすい時」は、間違いなくストレスがたまっている時で、「怒り」そのものにフォーカスを当てるより、その前段階が問題だと思っています。

睡眠不足だったり、心配事があったり、仕事のストレスがたまっていたり、それらが「怒り」を燃焼させるオイルで、これが解決してないのに、「怒り」そのものを問題にするのはあまり意味がないと思っているのです。

ですから、僕は激しく切れている人を見ると、「人生の何が問題なんだろう」「どんなストレスを抱《かか》えているんだろう」と考えてしまいます。

激しく人を罵《ののし》っている人は、おそらく何か人生に問題を抱えている人なんじゃないかと思っているのです。

また、自分もだんだんとストレスがたまってきて、「怒りやすい」という気持ちになってきた時は、「たっぷり寝る」「美味《おい》しいものをうんと食べる」「問題点と向き合う」「海か山、または緑の多い公園に行く」「旅行に出る」「とにかく楽しいことをする」なんて方法で、「怒り」の沸点を上げようとします。

そうやって、「怒り」に支配されないように、日々、生きています。

ビアード娘さん。これが僕の「怒り」とのつきあい方です。

年齢のことも聞かれていますが、年を重ねると、エネルギーが減るのか、爆発的な怒りが込《こ》み上げることが少なくなってきました。怒るってのは、とてもエネルギーと体力が必要ですからね。

ビアード娘さん。こういう「アンガー・マネージメント」を「何度も一定期間」ためしてもなんの成果もないのでしたら、一度、カウンセリングを受けることをお勧《すす》めします(「アンガー・マネージメント」を自己流でやられてきたのなら、正式に受けるのもいいと思います)。

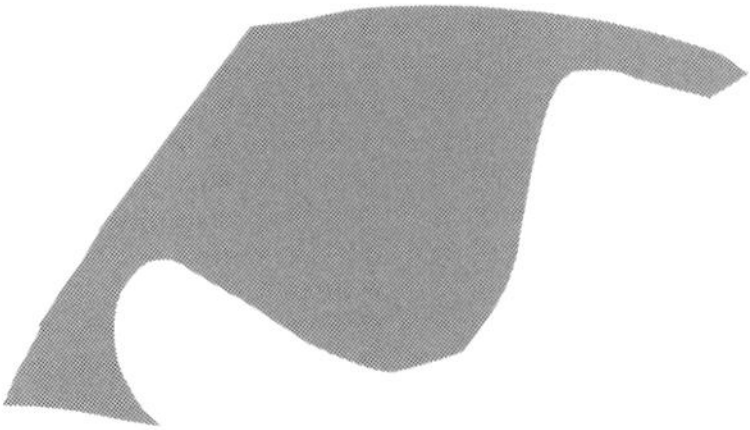

すぐに結果がでて、完治するというより、カウンセリングで自分を見つめて、自分の「怒り」とじっくりと向き合うことになるでしょうから、何かの気づきや発見があると思います。

それはきっと、ビアード娘さんの「怒り」に対して有効な対策になるんじゃないかと思います。

ビアード娘さん。どうですか？

相談26

母が入院しただけで寂《さび》しくてたまらない私は母が亡《な》くなったら気が狂いそうです

57歳・女性　星月夜

私は50代後半で80代前半の母と2人暮らしです。もう30年以上になります。私は発達障害があり、恋愛に興味が無くアセクシュアルで、友達も中々《なかなか》できません。お恥《は》ずかしい話なのですが、私は母の事が大好きなんです。

母は年金暮らし、私は非正規雇用なので贅沢《ぜいたく》はできませんが、慎《つつ》ましく暮らしています。とても幸せです。でも、この幸せは、きっともう長くありません。頭では分かっていても心が辛《つら》いのです。その日がやって来るのが怖くて怖くてたまりません。

母は高齢なのに珍しく私の特性を理解してくれています。もっと精神的に自立して大人にならなきゃとか友達を作らなくちゃとか思うのですが、母と出掛ける方が楽しく幸せなのです。母は元から身体《からだ》が弱く、今は高齢という事もあり、よく入院します。

母が入院しただけで寂しくてたまらない私は母が亡くなったら気が狂いそうです。こんなダメ人間の私にアドバイスを下さい。宜《よろ》しくお願いします。

…………

星月夜さん。お母さんが大好きなんですね。「とても幸せです」という文章に、僕は思わず微笑《ほほえ》んでしまいました。たくさんの毒親《どくおや》についての相談が寄せられる『ほがらか人生相談』ですが、母娘2人で暮らしていて「とても幸せです」と書ける星月夜さんは本当に素敵《すてき》だと思います。

でも、お母さんは身体が弱く、80代前半なんですね。「この幸せは、きっともう長くありません」と書かれていますが、確かに永遠に生きる人間はいませんね。僕の母親も2年前に88歳で亡くなりました。悲しいですが、やがてその時が来ることは間違いないでしょう。

だからこそ、今、母親との時間を大切に、楽しく生きられたらいいと心底《しんそこ》思います。

でね、星月夜さん。星月夜さんは、お母さんと一緒《いっしょ》にいる時は、どんな話をしていますか？　何気《なにげ》ない話？　他愛《たわい》ない話？　日常のなんでもない話？　そういう話をするのは楽しいですね。

でも、何かお母さんを楽しませる話はありませんか？

僕は年に一回、正月に東京から故郷に帰った時は、母親に一生懸命《いっしょうけんめい》、自分の仕事での失敗談やドジ話をしました。こんな失敗をしたとか、こんな目にあったとか、こんなことをしでかしてしまった、なんて話です。母親はよく笑ってくれました。

仕事の苦労話とか自慢話でも、母親は黙《だま》って聞いてくれたでしょうが、僕は母親を喜ばせたいと思ったのです。具体的には、母親を笑わせたいなと思いました。ですから、多少、フィクションも交《まじ》えながら、「とほほな失敗」を語ったのです。

たいていは、仕事でのドジ話です。一生懸命仕事をすればするほど、いろいろと失敗したり、トンチンカンなことをしてしまうのです。

でもそれは、仕事（僕の場合は演劇ですが）に興味があって、一生懸命、演劇をしているということの裏返しでした。自分の息子が、何かに夢中になっていて、だからこそ、いろいろと失敗をするということは、母親にとって嬉《うれ》しくも楽しいことだったろうと今でも思います。

でね、星月夜さん。星月夜さんも、「母親を笑わせるようなこと」を話してみるのはどうでしょうか？

そのためには、何かを始める必要があります。何でもいいのです。料理でもガーデニングでも絵画でも編《あ》み物でも、とにかく何かを必死にやると、失敗したりトンチンカンなことをすることが多くなります。

それを母親にいっぱい話すのです。例《たと》えば、料理のレパートリーを増やそうとして、塩と砂糖を間違えてしまった話とか、真っ黒に焦《こ》がしたなんて話です。

お母さんは、きっと喜んでくれると思います。

本当に何でもいいのです。とにかく母親を喜ばせるために、何かを始めるのです。こんなことを始めたの、こんなことやっているのと星月夜さんが生き生きと話すだけでも、きっと母親は微笑んでくれるはずです。

星月夜さんが何かを始めて、何かに夢中になっていると知ることは、母親にとって安心することでもありますから。

夢中になればなるほど、失敗したりトンチンカンなことをやってしまうことも多くなるでしょう。それを母親にいっぱい話して、楽しく笑ってもらうのです。

星月夜さんは、もっともっと母親を喜ばそうと、その始めた何かにもっともっと夢中になっていくんじゃないかと思います。

そうしているうちに、その夢中になった何かは、やがて、母親が亡くなった時にも、星月夜さんを支えて、星月夜さんの寂しさを薄《うす》めてくれるんじゃないかと思うのです。

そして、母親が亡くなった後も「夢中になった何か」を続けることで、星月夜さんは、ずっと心の中で母親に話しかけることができるのです。

同時に、「夢中になった何か」を続けることで、母親が喜んでくれたという記憶が消えることなく何度も蘇《よみがえ》るのです。

星月夜さん。僕は今、自分の仕事部屋でこの文章を書いていますが、パソコンがのったデスクの片隅《かたすみ》に、父親と母親の戒名《かいみょう》が刻まれた位牌《いはい》を置いています。

パソコンの画面からほんの少し視線をずらせば、位牌が見えます。普通は仏壇に置くのでしょうが、僕は自分が一番長くいる場所で、一番見やすい所に置こうと決めました。

仕事の手を止めた時に、位牌に向かって話しかけます。

父親には申し訳ないですが、話しかけるのはほとんど母親です。こんなドジをしたよと語りかければ、母親の笑顔が浮かびます。母親が生きている時からずっと続けていることを、今もしているのです。

演劇に夢中になればなるほど、ドジ話は生まれ、昔と変わらず、母親に話しかけ続けているのです。

星月夜さん、母親と話せるうちに、何かを始めてみませんか？

そして、うんと母親と話しませんか？

その記憶と、夢中になれる何かが、星月夜さんをきっと支えてくれると僕は思います。

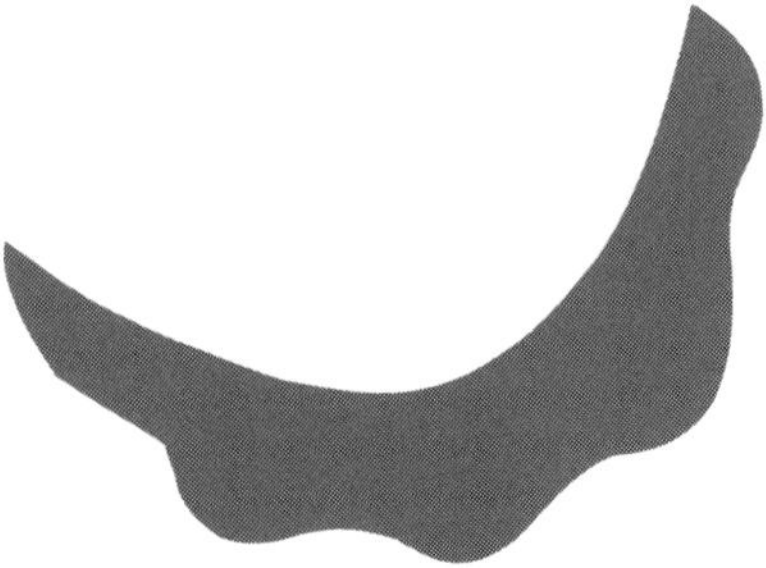

相談27

どうにも夫と性行為をしたくなくなってしまいました

38歳・女性　すだち

鴻上さんはじめまして。

いつも読ませていただいています。本日は夫婦のセックスレスについてご相談させていただきたいです。

私たちは現在、同《おな》い年で結婚6年目の夫と、2人の子と暮らしている共働き夫婦です。半年ほど前から夫婦の営みを行《おこ》なっていません。原因は他でもない私のせいです。浮気や他に好きな人がいるわけではなく、どうにも夫と性行為をしたくなくなってしまいました。

自分なりに考えている原因は2つです。

1．下の子を出産後から性行為を楽しみにくい身体になったこと（端的《たんてき》に申します

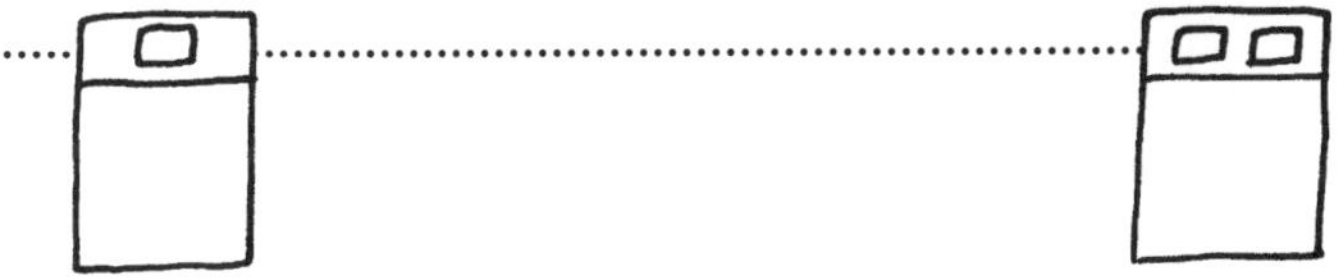

と、濡《ぬ》れにくくなりました)。

2. 今年度の頭からほぼワンオペ育児になり、しんどさからの苛立《いらだ》ちが夫に向かっていて、「そういった」感情を抱《いだ》きにくくなっていること。

実は上2つとも夫に伝えましたが、そのせいであなたにときめく感情がなくなったとまでは伝えていません(2については、ワンオペが本当に辛《つら》いとは伝えました)。

少し早く帰ってきてくれたりするようになりました。

でもとくに今年(2022年)になってからの苛立ちの積み重ねで、夫の嫌《いや》なところばかりが見えるようになってしまいました。求めを断るたびに夫を傷つけているのがわかるのですが、どうにも受け入れられないのです。

夫に離婚を求められても浮気されても仕方ないなと思っています。むしろこちらから離婚を提案したほうがいいのでしょうか。

わたしのせいか夫は機嫌《きげん》悪く過ごすことが多く、子供への影響も心配になってきました。

なにかアドバイスをいただけますと幸《さいわ》いです。

すだちさん。大変ですね。セックスはとてもデリケートな問題で、本当に難しいと思います。

それでね、すだちさん、いきなりの質問なんですが、すだちさんは「夫とのセックスが嫌」ですか？　それとも「夫そのものが嫌」になっていますか？

大胆《だいたん》な質問でごめんなさい。でもね、すだちさんの文章の「今年（２０２２年）になってからの苛立ちの積み重ねで、夫の嫌なところばかりが見えるようになってしまいました」という文章が気になっています。

「夫とのセックスは嫌」だけど、夫そのものはまだそんなに嫌になってないか、じつは「夫そのものが嫌になっている」か。

今はこの二つを切り分けるのは難しいかもしれません。でも、少し冷静になってご自分に問いかけてみませんか？

というのも、それによって、対処の方法が変わるのではないかと思うのです。

もし、「夫とのセックス」が問題で、夫そのものはそんなに嫌になってないとしたら、「夫とのセックス」の重圧を少しでも軽くすればいいのではないかと思います。

すだちさんが書くように「ワンオペ育児」の疲れが大きな原因だと思いますから、

なんとかしてこれを軽減することが最重要だと思います。
「ワンオペ育児」のつらさを語ったら、夫は「少し早く帰ってきてくれたりするように」なったんですよね。でも、それでは全然、解決になってないんですよね。
一番悲しいというか不毛《ふもう》なパターンは、夫は「少し早く帰ってきたりして、やることをやっていると思っているのに、セックスを拒否する妻が理解できない」、一方妻は「『ワンオペ育児』の大変さは全然減ってないのに、同じようにセックスを求める夫が理解できない」というものです。

一般的に、どんなに仲のよかった夫婦も、子供ができると関係は揺《ゆ》れます。一人の子供より二人の方が揺れ幅は大きくなります。三人になるともっと揺れます。離婚の最も大きな原因のひとつは、子供ができて、妻が「ワンオペ育児」に疲れたことです。

多くの夫婦では、「ワンオペ育児」の苦労を妻は言ったつもり、夫は分かったつもりと思っています。でも、実質的な対話はないのです。日本人は「対話」より「情のやりとり」に傾きがちです。忖度《そんたく》とか気遣《きづか》いとか思いやりが大切で、「全部を徹底的《てっていてき》に語ること」は無粋《ぶすい》で不躾《ぶしつけ》で無遠慮《ぶえんりょ》なことだと思っている人が多いです。でも、ちゃんと語らなければ解決しないこともあるのです。

すだちさんは「浮気されても仕方ない」「むしろこちらから離婚を提案したほうがいいのでしょうか」と書かれていますが、この早急《そうきゅう》な提案をする前に、「少し早く帰ってきてくれたり」するだけでは全然不十分なんだ、ということをはっきりと伝えたでしょうか？

問題は「すだちさんがセックスを拒否すること」ではなく、『ワンオペ育児』が本当に大変なんだ」ということでしょう。すだちさんは「自分がセックスを拒否することが悪い」と思っているかもしれませんが、「ワンオペ育児」が大変でなかったら、ここまで拒否はしてないんじゃないですか？

もちろん、すだちさんの書く、一番目の身体的な理由はあるでしょうが、それは拒否の一番重要な理由にはならないような気がします。「性行為を楽しみにくい身体になった」ことと、「夫とのセックスが嫌になった」は別のことだと思うのです。

「ワンオペ育児」ではなく、二人で育児をするようになることが、夫とのセックスを再開する一番確実な方法なんだと夫に伝えることが大切だと思います。

そこで「俺はやること、やってるよ」と開き直られたら、「夫とのセックスが嫌」なのではなく、「夫そのものが嫌」というレベルになるでしょう。

また、最初の質問で「いや、夫そのものが嫌なんだ」という場合も、このレベルですね。

それでも、浮気を認めたり離婚を提案する前に、「少し早く帰ってきてくれたり」することだけでは何の解決にもならないんだということを、はっきりと言葉を尽《つ》くして話すことが大切だと思います。

もちろん、ちゃんと言ったのに、夫が育児を拒否したり責任を押しつけたりしたら、離婚も選択肢《せんたくし》の中に入ってくるでしょう。

それでも、くり返しますが、それは「すだちさんがセックスを拒否したから」ではなく「『ワンオペ育児』の結果」だということです。

すだちさん。大変だと思いますが、最悪の結果の前に、うんと踏《ふ》ん張《ば》って対話してみませんか。それが僕のアドバイスです。

相談28

子どもにすぐ答えや成果を求めてしまう癖《くせ》を治したいです

48歳・女性　おいも

私は子供二人とくらす、シングルマザーです。

私には悪い癖があります。すぐに答えや、成果を求めてしまうことです。

例《たと》えば、子供の成績がおもわしくないと、成績悪いなら学校に行ってる意味がない、辞《や》めたら?と簡単に言ってしまいます。

そんなこと言ったらダメだとわかっています。でもついカッとなる自分が抑《おさ》えられないです。

次のテストまでに、成績あげないと絶対に許さないと言ってから、頭の中では、そんな短期間に成績あげることなんて普通は出来ないことを冷静に考えてる自分がいます。すぐに成果に現れないと気がすまない自分が本当にイヤになります。なんで私はじっくりと見守れないんだろう、と怒る度《たび》に落ち込んでいます。

子供はかわいいです。きらいなわけではないと思います。色々《いろいろ》な啓発《けいはつ》本を買って読んでは、自分の癖を治したいと思ってきました。家の本棚には色々な本がありますが、この本棚の持ち主は、相当病《や》んでると自分でも思うほどです。でも読んだ直後は改心しているのに、気づいたら怒ってます。

こんな癖に困って人に相談したことがありますが、「親なんだからちゃんと頑張《がんば》ろう」とか「充分《じゅうぶん》頑張ってるから大丈夫」とか「気の持ちようで変わる」とか色々とアドバイスはもらいました。しかし、一体どこをどう頑張ればいいのかがわからないです。頑張ってると言われてもピンときません。

具体的にどうすれば、この癖を治せますか？　また、治せるものでしょうか？

シングルだから？という気持ちもあります。シングルのままで子育てしたいので、環境を変えてではないアドバイスをいただければと思っています。よろしくお願い致します。

おいもさん。焦《あせ》ってますね。「具体的にどうすれば、この癖を治せますか？」と書かれていますが、僕はそんなに難しいことではないんじゃないかと思います。

僕は演劇の演出家です。演出家の一番大切な仕事はなんだと思いますか？　人によって答えは違うでしょうが、僕は演出家の仕事は「待つこと」だと思っています。

俳優さんに演技を指示します。「ある動きをしながら、セリフを本心から喜んだ感情で言って欲しい」なんてことだとします。動きは、ただ歩くとか座るとかの単純なことではなくて、例えば、軽くスキップしながら相手役の人の肩を軽く触《さわ》る、にしましょうか。

喜んだふりをして、ただセリフを言うのは簡単ですが、本当に喜びながら、この動きをするのはなかなか大変です。人間ですから、すぐにはできません。焦れば焦るほど余計《よけい》できなくなります。演出家が急《せ》かしたら、かえって、うまくいかなくなります。だから待ちます。

もっと大きなことも待ちます。それは、俳優が「役になろうとする過程」です。『ロミオとジュリエット』というお芝居《しばい》をするなら、男優がロミオになりきるまで、女優がジュリエットの感覚がつかめるまで、演出家は待ちます。

一人の人間が別の人間になるのですから、当然、時間はかかります。すぐに他人の気持ちや内面が分かるはずがないのです。

「どうしてこんなことをしたのか？」「どうしてこんなことを言うのか？」。じっくりと考え、セリフを言い、動いてみないと分からないものです。頭で分かるのではなく、心で分からないと「役が分かった」とは言えないからです。

でね、おいもさん。

そんなことを言いながら、僕も人間ですので、芝居の幕が開く初日の日付が常に頭にあるわけです。半年ぐらい初日が先なら、どーんと待てますが、たいてい、初日は4週間とか5週間先です。3週間稽古《けいこ》して、あと1週間しかないのに、まだ俳優が役をつかんでないなんてことは普通にあります。

そういう時、思わず、急かすことを言ってしまったりします。「まだできないの？」なんてことです。

で、言ってしまって「しまった」と思います。俳優の顔を見たら分かります。焦って、緊張した顔に変わりますからね。そういう時、僕は「あ、ごめん。俺、せっかちだから、つい、言っちゃったよ」と謝《あやま》るのです。そして「大丈夫。まだ1週間もあるんだから。充分時間あるから」とフォローするのです。

おいもさんも、「次のテストまでに、成績あげないと絶対に許さないと言ってから、頭の中では、そんな短期間に成績あげることなんて普通は出来ないことを冷静に考えてる自分」がいるんでしょう？ だったら、言った後に「とは言ったけど、そんな短期間には無理よねえ」と言えばいいのです。そして「ま、ちょっとだけでも上がるといいよねえ」と付け足すのです。

え？ そんなことできない？

じつは自信のない演出家とか経験の浅い演出家ほど、とにかく指示したがります。俳優の意見を聞かないし、自分の弱みを見せないのです。

でも、経験を積んでくると「いやあ、今回の芝居は大変なんだよね。やることはいっぱいだし、テーマは難しいし。でも、ひとつひとつコツコツやっていきますか」なんて軽口《かるくち》と共に、「一緒《いっしょ》にやろうよ」と俳優に手を差し伸べます。自分一人だけでがんばろうとしないのです。

経験のない演出家とは、つまりは「自分が必死にがんばらないといけない」と決めている演出家です。そういう演出家はとにかく「〜をやって下さい」と指示だけを連発するのです。

おいもさんは「シングルだから？という気持ちもあります」と書かれていますが、「シングルマザー」であることで、肩に余計な力が入って必死になっているんじゃないかと思います。それが「経験の浅い演出家」の症状と似ていると感じるのです。

おいもさん。まずは自分が待てない性格であること、そしてそれが自分では嫌《いや》なことを子供に伝えませんか？

がんばらないといけないという必死さとか、ちゃんとした母親として子供の前では弱みを見せてはいけないというプライドを捨てて、正直に言うのです。

それで、おいもさんはかなり楽《らく》になるはずです。同時に、子供も救われると思います。母さんは「待てない性格」を問題にしてくれているんだ、と分かるだけでホッとするでしょう。

そして、子供の「初日」はいつなんだろうと考えて下さい。僕が俳優と接する時、いつも初日までの時間を考えます。うまく初日に間に合えば幸せですが、そうならない場合も当然あります。人間ですからね。

レベル1の俳優が初日までにレベル6になって欲しいのに、レベル3で幕が開く場合です。その場合は、どんなに怒ってもわめいてもレベルは上がりません。人間はそんなに簡単に変わりませんからね。

この場合、僕はその俳優が将来やる予定の、次の芝居の「初日」を考えます。それは僕が演出家でないかもしれません。レベル1の俳優が、レベル3までできた。半年後の次の芝居では、レベル5になるかもしれない。演技が嫌《きら》いになって、レベルが戻るのではなく、演技が好きになってレベルが上がる方向で、次の人に手渡したいと思います。

俳優の「初日」は未来にたくさんあって、一歩一歩進んで行けばいいと思っているのです。

おいもさん。お子さんの「初日」も、未来にたくさんあると思います。毎日の結果に焦って一喜一憂《いっきいちゆう》するのではなく、いくつかの「初日」を考えながら、子供に正直に自分の反省点を伝えていくのが、お互いの素敵《すてき》な関係だと思います。

どうですか?

相談29

亡《な》くなった夫のＬＩＮＥ《ライン》やメールから夫の浮気を知ってしまいました

57歳・女性　小だぬき

鴻上さん、こんにちは。

先々月、35年連れ添った夫が亡くなりました。

とても楽しく生活していました。夫と一緒《いっしょ》にデザインの仕事をしていたので、データ、写真を引き継ぐために夫の携帯、パソコンを見たら、新規でＬＩＮＥのメッセージが届いたので、夫の事を連絡するのを忘れていた友達がいたかもと思い、メッセージを開けてみました。

すると、女性からの連絡で、とても親しい内容でした。

もともと、夫と私は、同じ職場で働いていて、独立し結婚したのですが、ＬＩＮＥをくれた女性は、同じ職場で働いていた時のクライアントさんでした。当時、私と夫は結婚を前提にお付き合いしており、同棲《どうせい》をしていました。彼女と夫は、たまに打ち合わせでランチに行ったりはしていましたが、当時（25年前）は、全く気にもなっておりませんでした。

その頃、住んでいた名古屋から、独立し、私たちは東京へ来ました。まさか、その彼女とつながっているとは、思ってもみませんでした。もうここまで来たらと、夫のＬＩＮＥを遡《さかのぼ》って、見ました！

すると、15年前に、Facebook《フェイスブック》で夫から彼女に連絡し、その頃、彼女が東京に住んでいたようで、夫は彼女と会っていました。初めはメールでやり取りをしていたようで、彼女からのメールは保存してありました。夫からの送信メールは削除済み、残っていませんでした。

ＬＩＮＥは、5年前からのものが残っておりました。

彼女と夫が最後に会ったのは、2年前です。その後は、コロナで会えなかったようです。

夫が亡くなる先々月、会う約束をしていました。彼女と会う事なく、夫は亡くなりましたが、夫のパソコンの履歴《りれき》から、ホテルを検索した跡《あと》が出てきました。

夫を知っている人は、私だけを大切に愛している夫で、こんな夫婦っていない！と、誰からも言われるくらい、夫本人も「妻の幸せだけを考えている」と、私がいないところでも、私にも話していました。また、私自身も夫を大好きでしたし、とても尊敬していました。亡くなる前まで、「仕事もうまく行っているし、悩みも、お金の心配もないし、ストレスもない、これからの人生、楽しみだ」と、夫と話していました。

私は、数年前に、子宮癌《しきゅうがん》を患《わずら》いましたが、その間も、その彼女がいたなんて。夫は、みんなからカッコイイ生き方をしていると言われていたので、もちろん！人に話すことはできません。しようとも思いません。私も惨《みじ》めですし。

そして、夫の死後、私は子宮癌の再発が見つかってしまいました。今までの人生はなんだったのか？　夫が亡くなって、ひとりになった。と言葉ではあらわすことができませんでしたが、私は、夫がいる時から、すでに「ひとり」だったことがわかりました。残念で、残念でたまりません。

夫は生前、若い時から、鴻上さんが大好きで、本をたくさん読んでいました。最近は、私が悩んだりしていたら、こちらの「人生相談、参考になるよ」と教えてくれていました。

裏切られたというか、なんというか、信じられないです。自分が信じていたもの、信頼していたもの、安心していたことは、嘘《うそ》だったんだと残念でたまりません。夫は、離婚も考えていたのかも（わかりませんが）しれません。夫が、生きていたら、別れます。同じ人と、25年。もしかしたら、鴻上さんは、夫が人を好きになったという気持ちを大切にしましょう、と仰《おっしゃ》るかもしれません。が、そうは納得《なっとく》できないです。

今は、両親のために癌の治療に励《はげ》もうと決めましたが、騙《だま》され続けた自分の人生、落とし所がわかりません。

小だぬきさん。つらいですね。あまりにもつらい出来事ですが、一番つらいことは、小だぬきさんの夫がもう亡くなっているので、常に最悪のケースを想像してしまうことなんじゃないかと僕は思っています。

「同じ人と、25年」と書かれていますが、「15年前に、Facebookで夫から彼女に連絡」したんですよね。残されている彼女のメールは、15年以上前から、すでに「関係」があったと感じられるものですか？　その前の10年も関係が続いていたと分かるものですか？

夫を弁護しようとしているんじゃないですよ。まして、「夫が人を好きになったという気持ちを大切にしましょう」なんてことを言いたいのではないです。

そうではなくて、夫がもう亡くなっているので、事情が分からないから、最悪の想像をいつも選んでしまうんじゃないかということを言いたいのです。「0か100」で考えてしまうということです。最悪なことって、放っておくと頭の中でどんどん膨《ふく》らみます。ブレーキが利《き》きにくいじゃないですか。

「私は、夫がいる時から、すでに『ひとり』だったことがわかりました」と書かれていますが、これはつまり夫は彼女に本気だったということがLINEに書かれていたということですか？　浮気ではなく、夫の気持ちは彼女にあったということですかね。だったら、小だぬきさんが書かれるように「ずっと『ひとり』」だと言えると思います。

くり返しますが、夫を弁護しているんじゃないですよ。裏切りは絶対に許せないことです。でも、「最後に会ったのは、2年前です。その後は、コロナで会えなかったようです」なんですよね。2年間会ってない相手を夫は本命だと思って、小だぬきさんとの離婚を考えていたんですかね。

「騙され続けた自分の人生」と小だぬきさんは書かれていますが、この断定も少し違うと僕は感じます。15年前のFacebookの夫のメッセージは、小だぬきさんを騙そうという気持ちに満ち満ちたものでしたか？

そこから、どういう流れで彼女とどんなふうに「関係」ができたか。夫が亡くなった今、知りようはありません。だからこそ、傷ついた気持ちは最悪を選ぶのだと思います。それは、しょうがないことではありますが、事実とは違っているんじゃないかと思います。

小だぬきさん。僕は小だぬきさんは「ひとり」だったとは思えません。夫は浮気をした。それは許せないことです。でも、夫は小だぬきさんと離婚し、その女性と一緒になろうと思っていたとは思えないのです（もちろん、小だぬきさんが見つけたLINEに「はやく一緒になりたい。離婚したい。でもコロナだから2年会えない」と書かれていたら別ですよ）。

「騙され続けた自分の人生、落とし所がわかりません」と書かれていますが、申し訳ないですが僕も「落とし所」は分かりません。でも、「騙され続けた」人生ではないと僕は思います。

夫は離婚するつもりはなかったと思います。コロナだろうが、2年会わなかったということは、夫なりに考えたことがあるんだろうとも思います。

「『妻の幸せだけを考えている』と、私がいないところでも、私にも話していました」という感情は、僕は夫の本当の気持ちだと感じます。小だぬきさんを裏切っていても、です。

すみません。よけい「落とし所」が分からなくなることを言っていますね。

でも、小だぬきさんが夫と過ごした35年は、簡単には「落とせない」ものだと思います。夫と共に生きて感じた幸福は真実だし、今の悲しい気持ちも真実です。

今がどんなに悲しくても、どんなに裏切られたと思っても、35年の間に感じた夫への気持ち、楽しかった生活の思い出はなかなか消えないと思います。

小だぬきさんは、「夫が、生きていたら、別れます」ときっぱりと書かれていますが、100%、そうですか?

生きている夫が、慌《あわ》て、言い訳し、小だぬきさんが怒り、泣き、夫が平身低頭《へいしんていとう》し、小だぬきさんが叫《さけ》び、詰《つ》め寄《よ》り、夫が土下座《どげざ》し、小だぬきさんが混乱した後、何か会話が始まるとは思いませんか？

「あの言葉はなんだったの？」「どういうつもりだったの？」。問い詰めたいこと、聞きたいことは山ほどあると思います。

小だぬきさんの心の中に住む夫はなんと答えるのでしょうか。

今は混乱の真っ最中ですから、心の中の夫との会話はうまくできないと思います。でも、少し時間を置いて、ゆっくりと心の中の夫と会話を始めてみるのはどうでしょうか。

もし、「落とし所」があるとしたら、この気の長い会話の後にあるんじゃないかと僕は感じます。小だぬきさん、どうでしょうか。

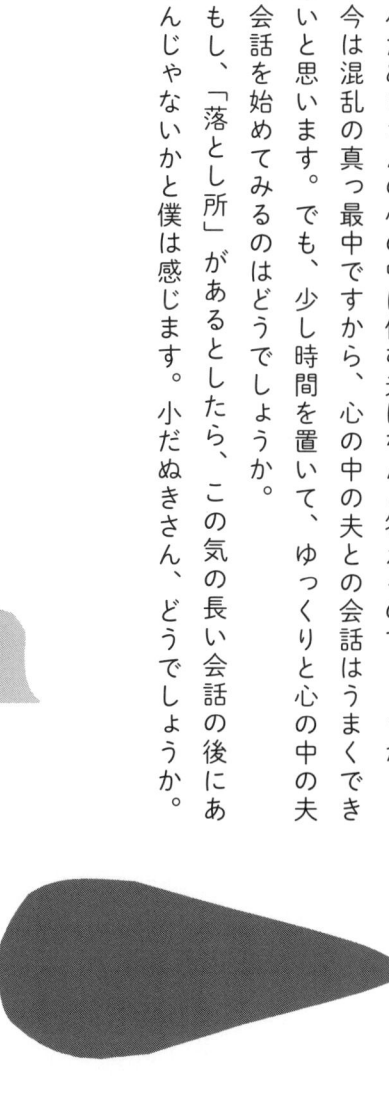

相談30

起業した夫はコロナで経営が悪化。元来《がんらい》マイナス思考の私の心の中は、不安の嵐です

30代・女性　ホタル

はじめまして。私は鴻上さんの人生相談が大好きで、今までの本はすべて購入して拝読いたしました。

私が相談したいのは、夫を支える妻としてのありかたについてです。

夫は経営者をしています。起業から今まで経営は安定していたのですが、最近コロナや様々な要因で少しずつ経営が悪化してきているようです。仕事の弱音《よわね》をあまり吐《は》かない夫から、上手《うま》くいっていない様子が時々聞かれるようになりました。その際《さい》私まで落ち込むと、おそらく夫は何も話さないようになると思うので、「そっか、そうなんだね」くらいに相《あい》づちをうちますが、元来マイナス思考の私の心の中は不安の嵐です。仕事に関して私が出来ることがなく、ただただ心の中で心配するばかりです。

私は現在育児中で専業主婦ですが、いざとなれば子どもはどこかに預けて働いても良いと思っています。そのことは夫に伝えており「ありがとう」とは言われてるのですが、日々悩んでる夫の姿を見るとどうして良いかわからなくなります。

以前鴻上さんの人生相談に、成功した俳優さんでも将来への不安はあると記されていました（単行本『ほがらか人生相談』の相談16）。夫は俳優ではありませんが、今後の安定の保証がないという点では似ていると思いました。そのような夫を支える妻として、どのような言動、心構えをすべきでしょうか？

鴻上さんのお考えを聞かせてください。

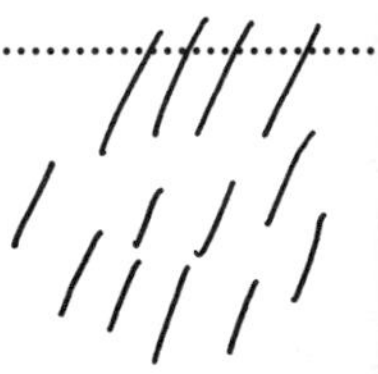

ホタルさん。コロナ禍《か》の影響、大変ですよね。「元来マイナス思考」と書かれていますが、「マイナス」に敏感なことは、悪いことじゃないと僕は思っています。
「マイナス」に敏感だから、人類は生き延びてきたんだとまで思っているのです。
大昔、原始人Aさんは、青空の下、あんまり気持ちいいんで日向《ひなた》ぼっこしてたとします。いい風も吹いてきます。と、草原の向こうにライオンがいました。「あ、ライオンだ。でも、青空だ。気持ちいいなあ」と日向ぼっこを続けた原始人Aさんは、そのうち、ライオンに食い殺されたんじゃないかと想像するのです。

一方、「あ、ライオンだ。でも、青空だ。気持ちいいなあ。でもライオンだ！」と日向ぼっこを中止して逃げ出した原始人Bさんだけが生き延びたんだと思うのです。

つまりは、「楽観」した人類は滅《ほろ》び、「悲観」した人類が主流になったのではないかと思っているのです。

で、ひとつ問題があるとすると、「マイナス」に押しつぶされる人です。日向ぼっこしているうちにライオンを見つけた時、「あ、ライオンだ。もうだめだ。絶対に食われる。すぐに追いつかれる。どんなに逃げてもムダだ。絶対にそうだ。もうだめだ！　終わった！」と絶望してしまう人です。そして、逃げるわけでもなく、日向ぼっこを楽しむわけでもなく、ただうずくまってしまうのです。そうすると、ライオンはガオガオ言いながら近づいてきますね。

これが、「マイナス」に押しつぶされるということですね。

ホタルさん。「心の中は不安の嵐」でも、毎日の生活はちゃんと送れていますか？

それとも、不安の嵐に振り回されて、夫との会話も育児も、時々、中途半端《ちゅうとはんぱ》になっていたりしますか？

ホタルさんにとって、「日向ぼっこを続けてライオンに食われる」わけでも「絶望してうずくまる」わけでもなく、「ライオンからちゃんと逃げる」という「前向きな行動」はなんでしょうか。

それは、ホタルさんも分かっているように、落ち込むことなく、夫の話をどーんと聞いてあげて、場合によっては快活《かいかつ》に夫を勇気づけたり、効果的に気分転換させたりすることですよね。

そんなことは分かっているのに、「心の中は不安の嵐」なので、なかなか、そうできないんですよね。

話は突然変わりますが、ホタルさんは、「道を歩いていて車が突然突っ込んでくること」は心配ですか？「隣《となり》の家（マンションやアパートなら部屋）が火事になること」は心配？「突然の大地震」は？

どうですか？

これらは、決して絵空事《えそらごと》ではないですよね。起こる可能性は間違いなくありますよね。こういうことをホタルさんは心配してますか？　もし心配してないなら、なぜですか？

えっ？　起こる可能性が低いから心配してない？

でも、可能性が低いことと、絶対に起こらないことは別でしょう？　鉄道事故も飛行機事故も、どんなに可能性が低くても起こる時は起こるわけですね。

「元来マイナス思考」ならこういうことも全部、心配しないとおかしくないですか？

でも、こういうことが心配で心配で寝られないってことはないですよね。寝ている間に飛行機が落ちてきたらどうしようって心配するのは、ちょっと病的ですもんね。

ということは、ホタルさんは心配することと心配しないことをちゃんと分けているということですね。「元来マイナス思考」とまとめていますが、「マイナス思考」になることと、ならないことを区別できているということでしょう。

そこからもう一歩進めて、「心配してもしょうがないこと」と「心配する意味があること」を分けませんか？

「明日、大地震が起こったらどうしよう。心配で寝られない」というのは、「心配してもしょうがないこと」でしょう。でも「地震が起こった時のために、非常持ち出し袋を買わないと。携帯が通じない時のために家族の集合場所も決めないと」は「心配する意味があること」だということです。

「現在育児中で専業主婦」のホタルさんにとって、「心配してもしょうがないこと」と「心配する意味があること」はなんですか？

「落ち着こう」とか「心を強くもとう」なんて自分に言い聞かすのではなく、この区別を考えることが重要だと僕は思っているのです。

ホタルさんは「夫は俳優ではありませんが、今後の安定の保証がないという点では似ていると思いました」と書きますが、今どき、どんな仕事でも「安定の保証」なんてないと思いますよ。どんな大企業に勤《つと》めていても、いつリストラされるか分かりませんし、そもそも、大企業も簡単に吸収・合併《がっぺい》・倒産する時代です。

公務員は比較的安定していると言っても、いつ身体を壊すかも分かりませんし、どんな事故に遭《あ》うかも分かりません。

マイナスに敏感になれば、マイナスの理由なんていくらでも出てくるでしょう。不安になる理由なんていくらでも見つかるということです。

だからこそ、「心配してもしょうがないこと」と「心配する意味があること」を分けるのです。

そして、「心配する意味があること」を考えるのです。

少しずつ「心配する意味があること」が見つかると思います。「もしもの場合のために倹約《けんやく》しておいた方がいいか」とか「近くにどんな仕事があるのか、今から探しておこうか」「安上がりで美味《おい》しい献立《こんだて》を考えてみようか」「夫が元気になる食事を作ってみようか」なんてことです。

そうするとね、ホタルさん。考えている間は、心の中の「不安の嵐」は弱まるはずです。じつは、これが一番の利点です。どうですか、やってみませんか？

相談31

例の銃撃《じゅうげき》事件以降、2世とは何か、宗教とは何か、と考えています

41歳・女性　あかり

鴻上先生、はじめまして。41歳のあかりと申します。高校時代、演劇部で頑張っていたあの頃の私に〝あの鴻上尚史〟に悩みを相談したって言ったらどんな顔をするでしょう……今の私はとても緊張しています。

私はある宗教2世として生まれました。両親が宗教を通じて出会い恋愛結婚をしています。あまり詳しく書くのは憚《はばか》られますが、合衆国が起源のキリスト教系の宗教です。日曜日には教会に行き、アルコールやカフェインは刺激物とされ禁止、若干《じゃっかん》の献金や日曜日以外の活動もありました。高校1年生の頃までなんの疑問も抱《いだ》かず通っていました。離れた時も「日曜日は寝てたい」「友達と遊びたい」という理由で、宗教そのものに対する嫌悪《けんお》からではありませんでした。

ですが例の銃撃事件以降、２世とは何か、宗教とは何か、もっともっと苦しんだ人はどんなだったのか深く考え調べる中で、自分のアイデンティティはやはり宗教によって形作《かたちづく》られそして損《そこ》なわれていたんだと思うようになりました。教えの中に「姦淫《かんいん》すべからず」というものがあります。今思えばこの教えは私の中にしっかり根付《ねづ》いてしまっていたのでしょう。好きになってくれた男の人と深い関係になることが出来ませんでした。

今は結婚して息子が１人おり幸せは幸せですが（夫は宗教とは無関係です）、宗教の考えが植え付けられていなければ違う人生経験が出来たのにと思ってしまうようになりました。

自らの意思で通うようになった両親とは違い、２世の子供はやはり自我《じが》が芽生えはじめた後は連れていくべきではないと思うし、両親がどうしても行きたければ交互に通うようにして、子供は置いていくべきだったと思っています。教えを３、４歳の頃から日常的に聞いていたらそれが当たり前になるのです。それは精神の虐待《ぎゃくたい》だと思います。

いったん宗教に嫌《いや》な気持ちを持った後はどんどん加速していきました。母と電話中

のちょっとした雑談の教会の話もイライラするようになって、実家に帰れば目につく宗教関係のものを破り捨てたくなります。

両親にとっての宗教は、もはや生活そのもので、今更《いまさら》離れることなんて無理なのは分かっています。金銭トラブルがあるわけでもなく、2世問題の中では深刻なケースでないのも分かっています。でも苦しいんです。

40にもなって、今さら70の両親を悲しませたいわけではありません。でもこのままだと気持ちが膨《ふく》らんで溢《あふ》れてしまいそうなんです。宗教のこと以外はごく普通に愛されて育ったと思います。どうかわたしをガス抜きさせてください。鴻上先生の冷静なお言葉で、気持ちを静めたいと思っています。読んでいただけたら幸《さいわ》いです。

最後に、安倍晋三《あべしんぞう》元首相のご冥福《めいふく》をお祈りします。

あかりさん。しんどい人生を生きてきましたね。
僕はあかりさんの書かれていることに全面的に同意します。「子供はやはり自我が芽生えはじめた後は連れていくべきではないと思う」という点も、「それは精神の虐待だと思います」ということも、その通りだと思います。

「宗教」が「人間の究極的意味」を明らかにするものだとして、「人間を不幸にすること」が目的の宗教はなかなかないと思います。

けれど、「宗教」と「宗教団体」は違います。この二つはよく混同されますが、違うものです。

「宗教団体」は、自分たちの組織の維持・拡大のために「人間を不幸にすること」を選ぶこともあると思うのです。

「宗教」は、突き詰《つ》めれば、個人と神との対話です（一神教《いっしんきょう》はもちろんですが、多神教《たしんきょう》もそうだと思っています）。それはきわめて内省《ないせい》的なものであり、個人的なものです。

神の教えがどんなに感動的で、それを他人に伝えたいと思っても、「宗教」には「組織的目標」はありません。ただ「宗教団体」だけが「組織的目標」を持ち、それを信者に課すのです。

その課す強度で「宗教団体」は、分かれると思っています。家庭が崩壊してまで献金を求める「宗教団体」や、信者の獲得に厳しいノルマがある「宗教団体」や、子供を毎週の礼拝に連れて来ること・勧誘に子供と一緒《いっしょ》に回ることを組織的に当然とする

「宗教団体」もあるということです。

それは「宗教」とは何の関係もないことだと僕は思っています。「宗教」は神との対話ですが、「宗教団体」は人間との対話です。

と書きながら、熱心な信者になればなるほど、この区別は難しくなります。自分が「宗教」の言葉、つまり神の言葉を信じているのか、「宗教団体」つまり人間の言葉を信じているのか分からなくなるのです。

けれど、この違いはとても重要です。信仰に疲れている人には、僕はこの違いをいつも問いかけます。

さて、あかりさん。「自分のアイデンティティはやはり宗教によって形作られそして損なわれていたんだと思うようになりました」という分析は素晴《すば》らしいと思います。

子供は程度の差はあっても、親の「思考形式」を受け継《つ》ぐものです。宗教だけではなく、政治や思想、偏見までも親の思考をまるまる信じ込んでいる子供は珍《めずら》しくないです。それでいて、「自分で考えた」と思い込んでいるのです。

大切なことは、あかりさんのように「自分の考え方の大半は親の考え方なんだ」と気付けるかどうかです。気付くと、「親の考え方」から距離を取ることができます。

逆にいうと、気付くことが「親の考え方」から離れる第一歩なのです。

あかりさん。気付いた自分をまずほめてあげましょう。そしてね、過去に囚《とら》われすぎず、より未来に目を向けてみませんか。例《たと》えば、あかりさんが親に向かって「精神の虐待だった」と責《せ》めたとしても、未来には何も生まれないでしょう。

もちろん、責めて意味のあることなら、きっぱりと責めた方がいいと思います。例えば、いまだに親があかりさんを熱心に勧誘しているとか、献金を求めているとか、です。

そうではなく、今、親は自分たちの信仰を続けているだけなら、過去のことを責めても、もう意味はないと思います。ネガティブにフォーカスを当てると、ネガティブはどんどん成長しますからね。責めれば責めるほど、怒りや憎《にく》しみは増大していくと思います。

それより、「精神の虐待」を乗り越えて、宗教から離れ、結婚し、子供が一人いる自分をうんとほめませんか。

そして、親に対して「私の前では、二度と宗教の話はしないでほしい」と宣言しませんか。ずっと苦労してきたあかりさんですから、それぐらい要求する権利はあると思います。

実家に戻った時、なるべくなら、宗教関係のものが目につかないようにして欲しい、ということも伝えられたらいいと思います。

親の信仰を否定するのではなく、私とは関係のないものだと伝えるのです。感情的にではなく、冷静にね。

そうすることで、また一歩一歩、親があかりさんに着せていた服を脱いでいけると思います。

無意識に着ていた親の服を自覚し、自分の意志で脱いでいくことは、新たな自分と出会うことです。

あかりさんは、まだ41歳。過去を見つめるのではなく、未来を楽しむことをお勧《すす》めします。

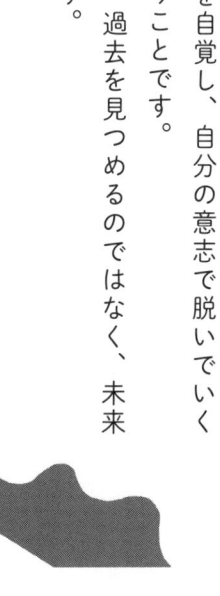

相談32

子どもに「自分の頭で考えられる子」になってほしいと思っているのですが、うまくいっていません

40歳・女性　ウマ子

ウマ子といいます。いつも楽しく拝読しています。

私は5歳の男の子を育てています。

悩みは、子供に「自分の頭で考えられる子」になってほしいと思っているのですが、うまくいっていないということです。子供はいつも「みんなと一緒《いっしょ》がいい」「○○くんたちが見てるから僕もポケモン見る」といった感じです。あまり自分で考えるということをしません。

「自分の頭で考えられる子になってほしい」というのは私の要望なので、子供に押し付けるのは良くないのでしょうか。

鴻上さんはよく「自立させるのが育児のゴール」といったことを書いておられて、

私も大変共感しているのですが、このままいくと子供の方が「自立したくない」となる可能性もあるかもしれないと今から不安です。まだ5歳なので心配しすぎかとは思うのですが……。

　ネットで検索しても「集団行動になじめない」「周りと同じようにできない」という逆の悩みはたくさんあったのですが、私と同じような悩みの親は簡単には見つかりませんでした。

　私は日本人的な集団主義が苦手なせいもあり、子供には集団になじめなくてもいいので、自分の意見を持った子に育ってほしいのですが、このままだと難しそうです。

　抑圧的に育てたつもりはなく、子供の話も聞いていますが、私が自分の意見をガンガン言うので子供が萎縮《いしゅく》している可能性はあるかもしれません。今から何か良い解決策はないでしょうか。それとも子の個性として受け入れるべきでしょうか。

ウマ子さん。ウマ子さんは、自分が5歳だった時のことを覚えていますか？幼稚園か保育園に行っていたとしたら、年中《ねんちゅう》さんか年長《ねんちょう》さんに分類される頃ですよね。

その頃、ウマ子さんは、「よし、私はつねに自分の頭で考えよう。お遊戯会《ゆうぎかい》の振り付けは、与えられたものだから自分で考えよう。『トトロ』をみんな見たがっているけど、それでは個性がない。『それいけ！アンパンマン』の歌をみんな歌っているけど、みんなただ周りに流されているだけだ」って思ってましたか？

もし、ウマ子さんが、5歳の時から「自分の頭で考える」子供だったら、ウマ子さんは天才か傑出《けっしゅつ》したアーティストだったのでしょう。

僕は5歳の時は、保育園の園庭で、はあはあ言いながらみんなと鬼ごっこしたり、「ドロケイ（泥棒と警察）」したり、ジャングルジムでひっかかったりしてました。

みんなと同じことをすることが楽しく、みんなと同じことで笑ったり悔《く》しがったりすることが喜びでした。

5歳では、一度も「自分の頭で考えよう」なんて思ったことはありません。これは断言します。

そう思うようになるのは、僕の場合は小学校の高学年でした。それでも、ゆっくりとした歩みです。

少なくとも「自分の頭で考えよう」ということは強制できることではありません。強制した時点で、それは「自分の頭で考えようと押しつけられている」ことになります。それは「自分の頭で考えたこと」ではないのです。

ウマ子さん。僕は、あなたの息子さんにじつは、同情しています。「私が自分の意見をガンガン言うので子供が萎縮している可能性はあるかもしれません」と書かれていますが、萎縮していると思います。そして、「どういう言い方をしたら、ママが喜ぶんだろう。ママに怒られないんだろう」と思っていると思います。それは、「自分の頭で考える」こととは正反対のことです。

ウマ子さん。ゆっくりとご自分の5歳の頃を思い出すことをお勧《すす》めします。

相談33

事あるごとに反論できない過去を蒸《む》し返してなじる妻を殴《なぐ》り殺したくなります

46歳・男性　塵芥滓

いつも楽しく人生相談を読ませていただいております。

題名どおりです。妻を殺したら子供たちが可哀想《かわいそう》だし、自殺しようか悩んでいます。

理由は配偶者が、今住んでいる家を買ったことをなじるからです。

取り返しがつかないことをもう10年経《た》っても責《せ》め続けられており、耐えられません。

私も妻も会社員です。10歳の娘と5歳の息子がおります。若いころ、姉の子育てを手伝い、子育ての大変さを知っていた私は、絶対子育ては実家からスープの冷めない距離がいいと思い込んでおり、売りに出ていた今の家を買いました。妻は職場からの遠さを心配しておりましたが、頑強《がんきょう》に反対はしていなかったと思います。いや、していたでしょうか？　記憶がおぼろげです。いずれにせよ、私は小さい子供を育てるには妻の実家近くが良いと信じて買いました。姉の子育てを手伝っていたので、赤ちゃんのお世話は慣れています。子供のお世話もしつけも遊び相手も家事も率先《そっせん》してやっています。

たびたび職場から遠いことの弊害はありました。定時でも保育園の延長時間ギリギリ。朝出勤時に電車を一本逃《のが》せば間に合わない。子供の帰宅時間には会社から帰ってこられないので、祖父母だよりになる。遠いから良いということはないけれど、それでも、子供が赤ちゃんのころ閑静《かんせい》でおちついた場所で育てられるのはよかったのかなと思いました。

でも保育園のころはともかく、小学校に上がった娘は学校になじめていないようです。妻は私立の学校に行かせればよかったと、当時のお友達と同じ学校に通うことを決めた娘をたびたびなじります。「ほら、言ったとおりでしょ？　私立の小学校に行けばよかったのに」と小学生の娘をなじります。

妻はことあるごとに「こんなところに家を買わなきゃよかった。遠すぎる。もし上の娘を（親に頼まず）家でお迎えできる環境なら、お友達とも遊べた。人間関係で悩まずに済んだ（←これの因果《いんが》関係は不明）。実家で子供たちは動画しか見てない。お陰《かげ》で子供たちはゲームや動画を覚えた。おやつばっかりで太った」というように、気に入らないことは全て環境のせいにして（できてしまうのですが）、愚痴《ぐち》ります。

家が職場から遠いことの欠点は無限にでてきます。気に食わないことがあると、特に自分に失敗があると、かならず職場から遠くて余裕がないことを理由にします。両親への連絡を彼女が忘れていて、私が仕事の予定を変えないといけない場合も、「ほら、こんな家に住んでるからこうなるの。子供の世話が父母だよりにならざるを得ないなんて機能不全なの。彼らは私が家を出て別の家の人間になったと思っているのでややこしいのに。だから私は反対したの。こんな家買わなきゃよかったのに。だから反対したのに。こうなることは分かってたの！　なにか反論ある？」

と言われます。「ありません」と言うしかありません。

なにも言えません。

彼女は分かっていたのです。こうなると。

私は知らなかったのです。こうなると。

こうなると知っていたら買わなかった。

こうなると知っていたら結婚なんてしなかった。

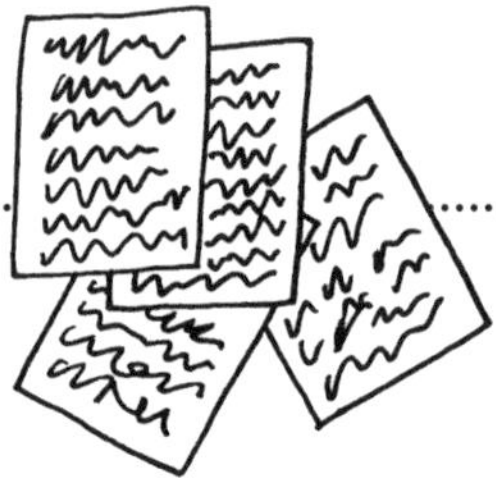

私はなにも言えません。決めたのは私です。

こころから思います。

こんな家買わなきゃよかった。

そもそもこんな女と結婚なんてしなきゃよかった。

そもそも俺なんて生まれてこなきゃよかった。

なにもいいことない。いきててもいいことない。

子供たちは完璧《かんぺき》です。すばらしいです。いいことしかない。なにも悪いことない。

でも妻は最悪です。人間として軽蔑《けいべつ》しています。正しいけど嫌《きら》いです。

一度耐えきれなくなり家を飛び出しました。妻が子供のことを疎《うと》んじるような発言をし、私は怒りを抑《おさ》えきれず殴りそうになったからです。

殴ったら間違いなく殺すまで殴ってしまいます。それで家を飛び出して頭を冷やしました。

「一本の藁《わら》がラクダの背を折る」って、あるんですね。

既《すで》に限界まで荷物が載せられていたら、些細《ささい》な刺激で背骨が折れる。心が折れました。

妻はとりかえせない過去や相手が反論できない理由で人を攻撃するのが得意技です。
娘もたびたび、「ほら、言ったでしょ？　私立に行けばよかったのに」と言われて泣いているので、多分《たぶん》私と同様の辛《つら》さを味わっていると思います。
もう消えたい。
どうすればよいのでしょう？

…………………………

塵芥滓さん。ぎりぎりですね。選択肢《せんたくし》が「妻を殺すか自殺するか」と思われているんですね。

本当に切羽《せっぱ》詰《つ》まってますね。

「どうすればよいのでしょう？」と書かれていますが、僕のアドバイスは、塵芥滓さんが書かれたこの相談の文章を妻に見せることです。

驚かれましたか？　でも、今はこれが一番よい手段だと思います。というか、これしかないと思います。

塵芥滓さんは、「妻を殺すか自殺」かの選択で迷っていて、「離婚」とか「別居」なんて思考はないですよね。それは、とても危険な状態だと思います。追い込まれすぎて視野が狭《せま》くなっているのだと思います。

こういう時は、言いたいこと、思っていることを相手に伝えるのです。

そこからどうなるか？　申し訳ないですが、それは分かりません。でも、塵芥滓さんが、ここまで追い込まれているんだ、ここまで思い詰めているんだ、ここまでギリギリなんだ、ということを妻に伝えることはとても意味のあることだと思います。

口で言ってもすぐに反論されるんでしょう。だから、この文章を見せるのです。

「鴻上ってのに見せるといいと言われた」と付け足してもいいです。

怒鳴《どな》り合いになったり、ケンカになったりしたら、諦《あきら》めずに、粘《ねば》り強く、話し続けて下さい。何時間も何日も。

もし、この文章を見せても鼻で笑われたとしたら、妻を殺すのでも自殺するのでもなく、離婚を含めて、子供と自分の人生を考えるのがいいと思います。

そのためにも、この文章を、今すぐ見せることを、強くお勧《すす》めします。

相談34

新人教育のあり方が時代で変わり、上にも下にも面倒《めんどう》を押し付けられているように感じます

27歳・女性　とのこ

鴻上さん、スタッフの皆さん、いつもためになるコラムを有難《ありがと》うございます。私の職場は体育会系と職人気質が混ざったような職場で「とにかくやれ」「仕事の仕方は盗んで覚えろ」「新人が先輩や上司に質問するなんて立場をわきまえていない」という社風でした。私も例にもれず新人だった頃は先輩や上司からそのようにいわれ、分からないことについては自分で調べながら進めたり、業務や処理・手続きの理由についても、慣例《かんれい》や前例踏襲《とうしゅう》なのだろうと考え、思うところはありながらも、郷《ごう》に入《い》れば郷に従《したが》えの精神で進めてきました。

諸事情があり数年採用をやめていたのですが、また新卒採用が復活しました。そして冒頭の問題に直面しました。新人さんから受けた質問について明確な理由が分から

ない場合は上司や先輩に聞くのですが、「あなたはどう思うの？」と質問返しをされはぐらかされたり、「教えてもらえなかったから知らない、というのは駄目《だめ》だ。そこを考えるのがあなたの仕事だ」と答えになってない回答が返ってきたりで、結局明確な理由は分からないままです（上司や先輩達の性格上、上記の問答《もんどう》パターンになるときは、彼ら自身も本当に分からないか答えたくないのだと思います）。

そして新人さんならではの「なぜ電話は2コールでも4コールでもなく3コールで出なければならないのか？」「なぜ直接関わりのない社員にも自分から挨拶《あいさつ》をしないといけないのか」「なぜ偉《えら》い人が重役《じゅうやく》出勤しても怒られないのに新人の自分は怒られるのか」のような社内でのルールや一般常識についても、新人が納得《なっとく》できる回答を用意しないと私の指導不足だと上司に怒られます。

試《ため》しに上司に「では、あなただったらどう答えるのですか？」と質問したら、「それって上司に聞くこと？　そこを考えるのが仕事でしょう？」と言われてしまいます。新人さん側も自分が大事にしてもらえるのは当然と考える人が多く、自分の納得できる説明をするのが先輩の仕事だと認識しています。上司も新人さんには「新人教育は指導係の成長に繋《つな》がるから遠慮しなくていいよ」と良い顔をしています。

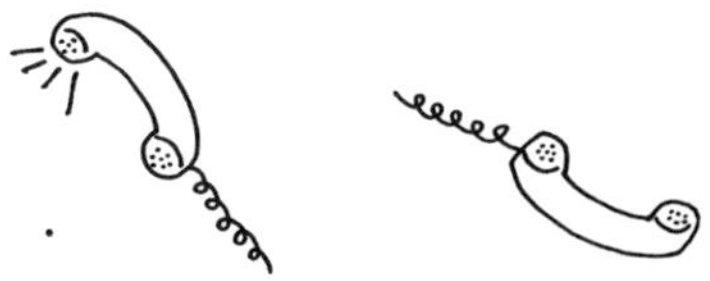

教育方針が時と共に変わるのは別に良いのですが、上にも下にも好き勝手にふるまわれて面倒ごとを押しつけられているように感じてしまいます。
こういった状況で上司を巻き込みながら新人教育を適切に進めるにはどのようにしたらよいでしょうか。ご助言をいただけますと幸《さいわ》いです。よろしくお願いいたします。

……………………

とのこさん。大変ですね。「面倒ごとを押しつけられているように感じてしまいます」と書かれていますが、どう考えても、実際に押しつけられているんですから、感じるのは当然だと思います。というか、この状態で感じない人はいないでしょう。
とのこさんが直面しているのは、じつは日本の多くの企業がぶつかっている問題だと僕は思っています。
とのこさんは僕が繰《く》り返し書く、世界で日本だけにある「世間《せけん》」の特徴はご存知《ぞんじ》でしょうか？
僕は全部で五つに分類しているのですが、まずは「年上が偉い」。だから、上司や先輩が、能力に関係なく偉そうなんですね。二つ目が「同じ時間を生きる」。お前と

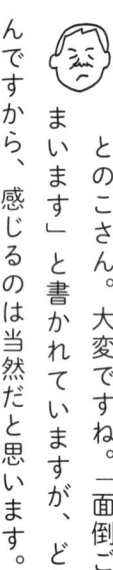

私が仲間なのは、時間を共有しているから。だから、上司がまだ会社にいると先に帰れないし、ボスしか飲み会の終わりを宣言できないし、だらだらと長い会議が多いわけです。三つ目が「贈り物が大切」。だから、出張の後、みんな必死でお土産《みやげ》を買って帰るし、お中元《ちゅうげん》やお歳暮《せいぼ》を欠かさない人もいますね。四つ目が「ミステリアス」。別名、謎《なぞ》ルール。「なんでこんなやり方なんですか？」「ウチは昔からこうなんだよ」「でも、これって明らかに不合理ですよ」「いいんだよ。ずっとこうやってきたんだから」というやつです。で、五つ目が「敵を作る」。まあ、排他《はいた》的ってことですね。

日本の企業は、この「世間」のルールにどっぷりとつかったことで、国際競争力と労働生産性をぐんぐん失っていったわけです。戦後、とにかく経済復興《ふっこう》をしないと、とにかくがんばらないとと思っていた時代は、会社も社員も若かったので、強固《きょうこ》な「謎ルール」はまだ完成してなかったし、「年上が少ない」会社が多かったので、変化に対する柔軟性もあったのです（他の三つのルールは、日本人の特性として強かったので、毎日毎日飲み会が続いたりしましたが）。

でも、高度成長期から失われた三十年の間に、仕事のやり方が固定化して、変化しないことが一番大切なことになってしまった会社が多くなりました。

とのこさんは、27歳なのに、そういう会社の「世間」を受け入れたんですね。それは大変だったでしょう。コロナ以前の飲み会ではしんどいこともあったんじゃないでしょうか。

「上にも下にも好き勝手にふるまわれて」と書きますが、じつは僕は、下は好き勝手にふるまっているわけではないと思っています。

下の人達は、今書いたような「企業における『世間』」の五つのルールを知りません。

「なぜ電話は2コールでも4コールでもなく3コールで出なければならないのか?」は、間違いなく「謎ルール」です。マナー講師がどんなに口を酸《す》っぱくしてでっち上げても、きっぱりと謎です。3コールでなければいけない合理的な理由を言ってみろってなもんです。

新入社員達は、一応、希望に満ちています。これから飛び込む世界が、どれぐらいまともか、どんなルールで動いているのかを知りたいと思います。それは当然のことでしょう。

これから飛び込む世界のルールにあんまり興味ないとか、そもそもルールは無視すると決めている新人は困りものですからね。

逆に言えば、職場のルールに疑問を持つ新人は、とてもまともな新人だと言えます。

就活の謎ルールに「面接の時はノックは三回。二回だとトイレになってしまう」というのがあります。マナー講師の中には、「礼儀として当たり前。欧米では常識」なんて堂々と説明している人がいます。そんな常識、聞いたことがありません。欧米人と仕事をしたらすぐに分かります。

まともな感性を持っている人なら、「なんで三回じゃなきゃいけないんだ？　二回じゃ、どうしてダメなんだ？」と疑問に思うはずだと僕は思っています。というか、思って欲しいと願います。そういう人が増えないと日本の創造《そうぞう》的未来はかなりやばいと思っているのです。

新人君達は、学校で「ブラック校則」という謎ルールに振り回され、または黙《だま》って従い、リボンの幅は2センチと決められ、ツーブロックは不良になると言われてきたわけです。

当然、就職の時に、「これから入る会社はどんなルールなんだろう？　学校や就活の時みたいに、また山ほどの謎ルールに従わないといけないんだろうか？」と思っているんじゃないかと、僕は勝手に想像します。

もちろん、「謎ルール」が少なければ少ないほど、風通しの良い、発言のしやすい、創造的な職場になるでしょう。もう今までのやり方を踏襲しているだけでは、会社に未来はないのはあきらかですからね。

なので僕は、新人君達が「どうしてですか?」「これはどういうことですか?」と疑問を連発するのは、当然だし、とてもいいことだと思っているのです。

僕からすると、「3コール」は「謎ルール」ですが、「なぜ直接関わりのない社員にも自分から挨拶をしないといけないのか」は、説明できると思います。「それが新人の義務なんだ!」と言い切ってしまったら「謎ルール」になりますが、「会社の中で、新人が自分から挨拶をして顔を覚えてもらうことは、社内での関係を作ることであり、未来の社内ネットワークへの参加の可能性のため」と説明できると思うのです。

「なぜ偉い人が重役出勤しても怒られないのに新人の自分は怒られるのか」は、とのこさんの答え方次第《しだい》ですが、例《たと》えば「偉い人は、朝から社外でもいろいろとやることがあるから、出勤の時間が不規則なんだ」とか「怒られなくなるために、みんな出世しようとしているんだ。遅く会社に出たかったら偉くなれ」とか、いろいろとあるでしょう。

つまりは、「謎ルール」か「合理的な説明ができるルール」かを判断することが重要だと思うのです。

問題は、とのこさんの上司達です。「教えてもらえなかったから知らない、というのは駄目だ。そこを考えるのがあなたの仕事だ」だの「それって上司に聞くこと？　そこを考えるのが仕事でしょう？」だのは、変化を嫌《きら》う「世間」に生きる人の典型的な答えです。つまりは、思考放棄《ほうき》です。

でも、上司達は無理ないとも言えます。若い頃、「なんでちゃんと教えてくれないんだろう」とか「盗むことと教えることを使い分けた方が効率的だと思うんだけど」とか「『新人が先輩や上司に質問するなんて立場をわきまえていない』っておかしいと思う。質問した方が絶対に早いのに」と上司達も疑問を持ったはずなのです。

でも、いつのまにか自分の疑問にフタをしたことで、今、とのこさんの質問に、答えたくてもまったく答えられなくなってしまったのです。

校則に疑問を持たない生徒がそのまま先生になって、今の生徒に「どうしてですか？」と聞かれて絶句《ぜっく》するのと同じ状態ですね。

そう言えば、冬にコート禁止の校則の理由を聞かれて、「昔からある校則なので、目的は分からない」と答えた高校の教頭先生の言葉がニュースになってました。あまりに正直な言葉に、怒《いか》りと笑いを同時に感じました。

でね、とのこさん。

僕のアドバイスは、新人君達には、

1．説明できることはとことん説明する。

2．謎ルールとしか思えないことは、上司に確認する。「これは謎ルールじゃないですか？」と、おずおずと聞きます。

もし、上司が「謎ルールなんかじゃない！　ちゃんと理由がある！」と言ったら、「そうですよね。でも、私は、バカなんで、謎ルールにしか思えないんです。すみません。バカな私にも分かるように合理的な理由を説明して下さい」と卑下《ひげ》しながら食らいつきましょう。ここは踏《ふ》ん張《ば》りどころです。

何度「自分の頭で考えろ！」と言われても、「私はバカなんで思いつかないんです。こんな私はこのままだと新人の教育係に向いてないですよね。いえ、そもそもこの会社に相応《ふさわ》しくないですよね。本当に私はバカなんです」と泣きましょう。体育会関係とか職人界隈《かいわい》と戦うためには、人情《にんじょう》です。人情で迫《せま》りながら、合理的な説明を求めましょう。

もし、上司が「そうだよ。これは謎ルールだよ。合理的な根拠なんかないよ」と言い切ったら謎ルール認定です。すぐに、「謎ルールなんですね」と悲しいため息をついた後、新人君達には「これは、わが社の謎ルールです。残念ですが『世間』が強い会社には、謎ルールがつきものです」と説明します。

もし、上司が胸を張って、「そうだ！ これはわが社の謎ルールだ！ あきらかに不合理だが、これで売り上げが落ちても新人がやめても大丈夫！ わが社の伝統だ！」と言われたら、その通りのことを新人君達に言います。

新人君達はたぶん驚いて、「それでいいんですか？」と聞くでしょうから「うん。これをのみ込めるかどうかが、この会社で働けるかどうかなのよね」と丁寧《ていねい》に説明します。そして、そう説明したことも、上司に報告しておきます。

もし、上司が「なんてことを言うんだ！」と怒ったら、「わが社の謎ルールだとおっしゃったのは上司ですよ」と涙目《なみだめ》で答えましょう。「私、バカだから、こんな説明しかできませんでした」と悲しい顔で付け加えて。

このアドバイスは、つまりは、とのこさんは上と下の板挟《いたばさ》みになって苦しむ必要なんかないということです。

責任は上にあります。思考放棄の上の責任を、とのこさんが引き受ける必要はないのです。

もし、上司が「なるほど。これは謎ルールだなあ」とひとつでも思ってくれれば、とのこさんの職場は、少しずつ変わっていくんじゃないかと思います。

それは上司にとっても、とのこさんにとっても、そして新人君達にとってもいいことなんじゃないかと思います。

とのこさん。この方法、どうでしょうか？

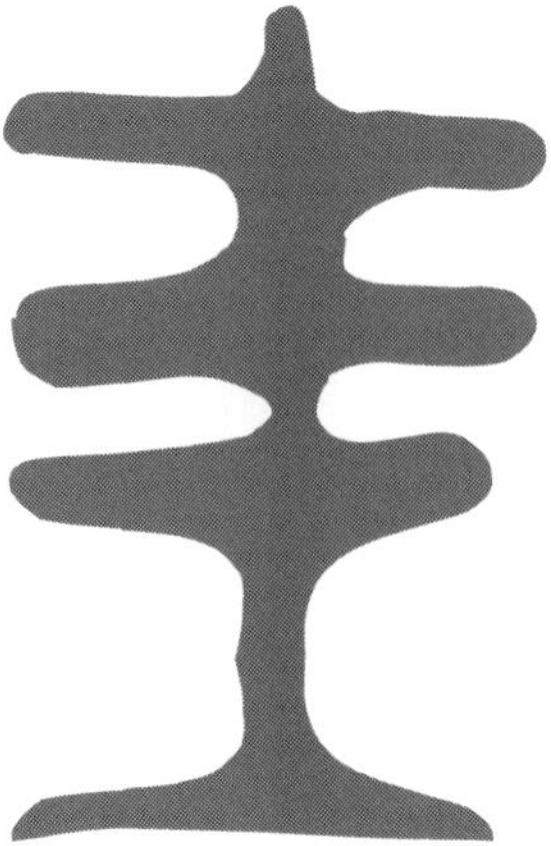

相談35

12歳の次男が小児がんになり、余命《よめい》一年と言われました

55歳・男性　飛行機

鴻上様、いつも楽しく読ませて頂いています。著書も買わせて頂いております。

50代の父親です。私の次男12歳が小児がんになりました。難病で、1年半かけて入院し、治療をしました。その間、妻はつきっきりで、私と長男（高2）は2人で生活をしていました。決められた治療を終え、良好な兆《きざ》しが見えて退院したものの、再発しました。難病ゆえ、再発したら手立《てだ》てはないと言われています。あと1年くらいの余命だとも言われました。

現在は特に症状もなく、退院し、自宅でゲームをやったり普通に食事をしたりしています。でも完治したわけではないので、この先にくる未来を考えると胸が塞《ふさ》がります。どうやって精神のバランスを取ればいいのか、この状況をどうやって納得《なっとく》すれば

よいのか、全く分かりません。

仏教の本を読んで、生命について考え、答えを見つけようとしていますが、答えなんてないのかもしれません。何とか本人の前では明るくいるようにしています。妻も明るく強い素晴《すば》らしい女性なので、何とか日々を過ごしています。長男も明るく過ごしています。本人も明るく元気で、本当に可愛《かわい》くていい子です。それが救いです。家庭内には笑いもあって、何《なん》らいつもと変わらない日々を過ごしています。

仏教では因果応報《いんがおうほう》という言葉が出てきます。結果には必ず原因があるということでしょうか。でも、息子のがんに原因はないんです。大人のがんと違い、不摂生《ふせっせい》やストレスが原因ではなく、細胞分裂の際のコピーの失敗、などと言われています。でもその痛烈な一撃が我が家にやってきてしまったのです。

何とか踏《ふ》ん張《ば》って、仕事もしていますが、仕事ができている自分が不思議なくらい、頭の中はぐちゃぐちゃです。仏教に助けを求めようとしても、因果応報と言われると、原因なんてない！と叫《さけ》びたくなります。なぜうちの子が?と考えてもしょうがない、理由も原因もないんだ、ただ運命を受け入れて、今を精一杯《せいいっぱい》生きるのだ、と自分に言い聞かせて、何とか立っています。何か悪いことをしたから病気になったわけではあ

りません。ただ、病気になったんです。それを受け入れろ、と言われているんです。鴻上さんへ何を聞きたいのかも分かりません。ただ、こういうことを聞いて欲しいだけだったのだと思います。

飛行機さん。大変ですね。本当に、本当に、大変ですね。

僕は飛行機さんをなぐさめる言葉を持ちません。飛行機さんの悩みを解決できる方法もアイデアもありません。飛行機さんの苦しみや哀《かな》しみをなんとかする能力もありません。

僕にできることは、飛行機さんの文章を読み、『ほがらか人生相談』で、こうやって「飛行機さん、読みましたよ。何度も何度も、飛行機さんの文章を読みましたよ」と告げることだけです。

人間の力ではどうしようもない時、宗教に救いを求めることは珍《めずら》しいことではないと思います。

説明できないこと、理不尽《りふじん》なことを説明してくれる大きな物語が宗教です。何も悪くない、何の罪もない12歳の息子さんが突然、余命一年と宣告される。こんな理不尽はありません。あってはならない、胸張《は》り裂ける現実です。

仏教の専門家の人が「因果応報」についてなんと答えるか僕は分かりません。「因果応報」とはどんな場合でも受け入れることだと答えるのでしょうか。それとも、この場合は「因果応報」とは違うと答えるのでしょうか。

飛行機さんの文章から、飛行機さんがとても聡明《そうめい》な人だと分かります。

そして、とても前向きで誠実で勇気ある人だということも分かります。

こんなつらい現実の中で書かれた文章から、飛行機さんの、歯を食いしばって前向きに生きようとする苦労が感じられます。そして家族のみなさんの強さや努力もひしひしと感じます。

母親のつらさも、高校2年生の長男さんのつらさもどれほどかと思います。それなのに、ただ暗くなるのではなく、笑いも起こる家庭は本当に奇跡《きせき》のように素晴らしいことだと思います。

飛行機さん。よく『ほがらか人生相談』に投稿してくれました。僕は何もできませんが、飛行機さんと家族のみなさんが毎日がんばっているということを知っただけでも、僕はよかったと思います。

僕に唯一《ゆいいつ》できることは、飛行機さんと家族のみなさんが次男さんと過ごす日々が、どうか、一日でも長く、穏《おだ》やかでありますようにと祈ることだけです。

飛行機さん。メールを送ってくれて本当にありがとうございました。

相談36

私は人の空気感や顔色をうかがうことは得意でも、人の気持ちを考えることがとても苦手《にがて》です

27歳・女性　砂漠

鴻上さん、こんにちは。

以前、「大人というのは自分の頭で考えられる人間になることだ」という鴻上さんの言葉を拝見しました。

私は、なるほどなと思うと同時に、それなら自分は子どもだなとも感じました。

というのも、昔から私は人の空気感や顔色をうかがうことは得意でも、人の気持ちに寄り添う＝その人の気持ちを考えることがとても苦手で、そのせいか友達は少ないのに、先生や友達の親といった大人からは好《す》かれやすいところがありました。

周りからはそれを「優等生」「いい子」と見られ、褒《ほ》められることもありましたが、

私は人の顔色をうかがう臆病《おくびょう》な自分が嫌いで、思ったことをなんでもズバズバ言える

人＝自分の考えを言える人を見ると羨《うらや》ましく感じていました。私には私の考えがないから、自分の意見を言うことができない。子どもが親に許しをもらおうとするように、うかがいをたてることしかできないんだと辛《つら》くなりました。

本をたくさん読むと自分で考える力が付くとも言いますが、私の場合、本を読んでもこんな考えもあるのか！とは思えど、それをちゃんと力にできていない気もして……（力にできていたら、こんなダメにはなっていませんよね）。

今回もこのような形で自分の力ではなく、鴻上さんの力に頼るようなことをしておりますが、こんな私でも自分の頭で考えられる大人になりたいとも思っており、投稿しました。

長文をすいません。

どんな厳しい言葉でもいいので、よろしくお願いします。

砂漠さん。そうですか。「顔色をうかがうことは得意」でも、「その人の気持ちを考えること」がとても苦手なんですね。

この二つは、似ているようで違いますよね。「顔色をうかがうこと」と「その人の気持ちを考えること」の違いはなんでしょうか。

僕が思うには、「顔色をうかがうこと」は、「人に嫌われたくない」という気持ちが中心で、関心は自分に向いていると感じます。一方、「その人の気持ちを考える」ということは、関心は相手に向いているんじゃないかと思います。自分中心か、相手中心かの違いですね。

いきなりの例《たと》え話なんですが、俳優になりたい初心者の中で、ものすごく自意識が強い人がいます。

相手役と会話していても、「どんなふうに見られているか」「恥《はじ》は絶対にかきたくない」「笑われたくない」と強く思っている人です。そういう人は、相手に対する関心はまったくありません。相手がどんな表情をしようが、どんな演技をしようが関係ないのです。関心は自分です。自分がどうしたら恥をかかないか、笑われないか、どんな言い方をしたら演出家にほめられるかだけを考えているのです。

極端《きょくたん》な例ですが、砂漠さんの状況もそれに近いと思います。

相手が本当は何を求めているかとか、本当はどう思っているかが問題ではなく、自分が嫌われないこと、自分が傷つかないことが重要なんだということです。

どうしてそうなってしまうかは、みんな、なんとなく分かっていると思います。自分に自信がない、ということですね。自分に自信がないから、とにかく、嫌われないこと、否定されないこと、笑われないことが一番大切なことになるのです。

どうですか、砂漠さん。もし、そうだと納得《なっとく》してもらえるなら、砂漠さんのやることはたったひとつです。

自分に自信をつけること。別な言い方をすると、自己肯定感《こうていかん》を高めることだと思います。

だって、焦《あせ》って本を読んでも何も身につかないでしょう。私なんかダメだと思いながらいろんなことに接しても、あまり得るものはないんじゃないでしょうか。

さて、砂漠さん。どうしたら自分に自信がつくのか。

僕は以前にこの『ほがらか人生相談』で、「小さな勝《か》ち味《あじ》を積み重ねること」と書きました（単行本1冊目の相談12）。

また、この本の「相談3」でも同じことを書きました。

自分のことを「こんなダメにはなっていませんよね」と書く砂漠さんですが、100％ダメですか？　まったく良い点はありませんか？

でも、仕事のために（働いてないなら家事手伝いのために）毎朝ちゃんと起きてるんじゃないですか？　顔を洗えてるし、歯も磨《みが》けているんじゃないですか？　冗談《じょうだん》ではないですよ。いくつかのことを、毎日ちゃんとできているのは素晴《すば》らしいことです。全部ダメなんて人はいません。ただ、全部を一気《いっき》に否定する方が、細かな良い点を見つけるより楽《らく》だから、「私はダメだ」と言いたい人が多いのだと僕は思っています。

だって、自分と自分の生活を見つめて、小さいけれど良い点を見つけることはエネルギーが必要ですからね。

ネットで調べれば、自己肯定感を上げる方法を書いた本にたくさん出会うでしょう。僕はこの前、自己肯定感が低かったＯＬさんがどうやって自信をつけたかを正直に書いた本を読んで感動しました。

自己肯定感が低くて苦しんでいる人は多いですが、同時に、少しずつ少しずつ自己肯定感を高めて楽になった人も多いのです。そういう人が書いた本や経験談はきっと砂漠さんの参考になると思います。

自己肯定感が高まれば、焦ることはなくなります。相手の顔色をうかがうことに必死になる必要もなくなります。

人間の能力には限界があるので、一度にたくさんのことはできません。自意識の強い俳優は、エネルギーを「自分はどう見られているか」を探《さぐ》ることに使います。当然、相手のことを感じたり、観察したりする余裕はなくなります。人間のエネルギーは有限だからです。

でも、自分に向けるエネルギーが減ると、必然的に相手を観察するエネルギーが増えてきます。俳優はそうやって成長するのです。

自己肯定感が高まると、落ち着いて、相手の感情に寄り添うことができるようになります。本を読んでも、「早く吸収しよう」とか「自分は全然ダメだ」と焦ることもなくなります。ゆっくりと、言葉が身体に染《し》み込んで、やがて使えるようになります。

ちなみに、俳優の初心者で、周りのことばかりを気にしていた人が、突然、思い切った演技を始めることがあります。思っていることを全部、ぶちまけるような演技です。

今まで「こんなことを言ったら嫌われるから言わないようにしよう」とフタをしていたことを一気に出すのです。

でも、残念ながら、そういう演技は人を感動させることは少ないです。ただ気持ちを吐《は》き出しているだけで、一種の排泄《はいせつ》作用のようなものだからです。

そして、この場合もじつは、相手に関心は向いていません。関心は、やっぱり自分です。自分の感情をとにかく吐き出すことに集中しているのです。

砂漠さんは「私は人の顔色をうかがう臆病な自分が嫌いで、思ったことをなんでもズバズバ言える人＝自分の考えを言える人を見ると羨ましく感じていました」と書きます。

残念ながら、それは極端から極端へ移っただけで、「自分の考えにすべてフタをする」と「なんでもズバズバ言う」は、コインの裏表で、相手を無視するという意味では同じことじゃないかと感じます。

どちらも、自分に自信がないから起こることだと僕は思っています。

「こんな私でも自分の頭で考えられる大人になりたい」と砂漠さんは書きますが、「こんな私でも」と思っている間は、「自分の頭で考えられる」ことはないと思います。まずは「こんな私でも」とオートマチックに考えてしまう流れを遮断《しゃだん》することが必要なのです。

大丈夫。自己肯定感を低くしたのは、砂漠さんです。だから、自己肯定感を高くできるのも、砂漠さんなのです。人は変われます。変われると思ったら変われます。

少しずつ、自分をほめて、認めてあげませんか？

相談37

コロナ禍《か》の環境で育ってきてしまった私達は人前で発言することも恐れてしまいます

18歳・女性　ハトムギ

先日横浜創英《よこはまそうえい》高校の卒業講演にお越しくださりありがとうございました。

鴻上さんが質問を募集した時にあの場で上手《うま》く言葉に出来ず質問できなかったのですが、それがどうしても心残りでした。何個かモヤモヤと浮かんでいたのですが、上手くまとめられなかったのでここでひとつ質問させてください。

私達今の高校三年生はコロナ禍で高校生活が始まり、コロナの収束《しゅうそく》と共に高校を卒業します。

高校では友達もクラスが一緒《いっしょ》になった子としか話す機会も無く、学校行事も減り交流が少なかったためクラスでも一部の人としか仲良くありませんでした。

私は修学旅行も親の判断により行けなかったため、ほぼ高校の思い出は学校の授業

と休み時間しかありません。そんな私達は中学の頃の積極性も薄《うす》れていき、お互いを意識し、男女の交友関係も狭《せば》まってしまいました。

今回鴻上さんへの質問を考えてた人、質問が浮かんでたけど手を挙《あ》げる勇気が出なかった人がいたと思います。今この環境で育ってきてしまった私達は人前で発言することも恐れてしまいます。私達はどうやって他の人任せにせず自己発信力を身につければ良いのでしょうか。

あと、もうひとつだけ。私は高校を卒業したら大学には進学せず、芸能活動をする社会人になります。今はアイドルとして活動しています。高校生という肩書《かたが》きも消えて自分も大人の仲間入りをし、その分《ぶん》今まで〝高校生か若いね〟と言って許してもらっていた部分が無くなり世間《せけん》が冷たくなるのが怖いです。芸能活動は有名になれるとは限らないし、稼《かせ》げる保証はありません。鴻上さんからのアドバイスとエールをいただきたいです。

素敵《すてき》な講演をありがとうございました。お話が聞けて貴重な経験になりました。

これからも横浜創英高校をよろしくお願いします！

そうですか、ハトムギさん。卒業講演を聞いてくれましたか。横浜創英高校の工藤勇一《くどうゆういち》校長の教育方針に感銘《かんめい》を受けて、それが縁《えん》で話すことになりました。

ハトムギさんは、本当に大変な時期に高校生活を送ることになりましたよね。2020年2月26日は安倍晋三《あべしんぞう》元首相が大規模イベントの自粛《じしゅく》を要請《ようせい》した日ですが、その日から規模にかかわらずイベントやライブハウス、ミニシアター、小劇場公演などが続々と公演自粛・中止になり、飲食店や旅行業界や冠婚葬祭《かんこんそうさい》業など日本中の多くの産業が、コロナ禍に苦しむことになりました。

その年の4月に高校生になって、3年間過ごし、2023年3月に卒業するハトムギさんと同じ世代の高校生（や同じく3年間を過ごした中学生）は、本当に苦労しただろうと思います。

僕は桐朋《とうほう》学園芸術短期大学という所で、1年間週1回の90分間授業を3コマ持っているのですが、この3年間は授業が中止になったり、リモートになったり、本当に大変でした。

2022年は対面式の授業になったのですが、学生も僕もずっとマスク姿でした。

学生達にはまったく申し訳ないのですが、マスク姿だと一人一人の顔をなかなか覚えられないのです。

コロナ以前は、卒業生に劇場や街で会ったら、すぐに分かりました。でも、今年の卒業生に、やがてマスクがない姿で会っても、ほとんど分からないんじゃないかと心配しています。

マスクは、コミュニケイションを遮断《しゃだん》します。逆に言えば、マスクをすることで、やっかいなコミュニケイションを避《さ》けることができます。

僕が卒業講演で言ったように、日本人は、知っている人だけで構成している「世間」に生きていて、知らない人の集まりである「社会」には関心がありません。

日本人がなかなかマスクを手放さないのは、「社会」の人に関心がないことが一番の理由です。知らない人とウザいコミュニケイションをするぐらいなら、マスクで遮断した方が楽《らく》なわけです。

ちょうど、「バイト敬語」などの過剰《かじょう》にへりくだる待遇表現と同じですね。相手との関係を「これ以上、踏《ふ》み込まないで下さい」と距離を取るために「丁寧《ていねい》すぎる敬語」はとても便利なのです。

日本に来た多くの外国人は最初「日本人の接客は本当に丁寧で素晴《すば》らしい」と感激するのですが、長く日本で生活すると「ニコニコしながら、これ以上は関係を深めないという透明なバリアを感じる」と多くの人が言う現象です。

学校は「世間」だと思われがちですが、「この人達は私と関係ない」と決めれば、それは「社会」です。コロナ前までは、「そうは言っても何度も話すし、だんだんと『世間』の人になっていく」という流れでしたが、マスクが相手を「社会」の人のままにしてくれたのです。

マスクをしたまま、とりあえず必要な伝達・連絡事項を言うだけの関係は、「社会」の人なのです。

これから先、日本人がどこまでマスクをつけ続けるか誰にも分からないと思います。私達は、マスクをすることの「楽さ」を知ってしまいました。同時にマスクを手放す「怖さ」も知ってしまいました。マスクはルッキズム（外見差別）の強い日本で、容《よう》姿《し》のコンプレックスも隠してくれますからね。

さて、ハトムギさん。「私達は人前で発言することも恐れてしまいます。私達はどうやって他の人任せにせず自己発信力を身につければ良いのでしょうか」と書かれていますが、これはもう、「習うより慣れろ」ということわざが一番適切だと思います。「自己発信力」は、「自分の言いたいことを適切に表現し、ちゃんと相手に伝えられるコミュニケイションの能力」だとします。

この能力とスキルを上げるためには、いろいろとアドバイスはあると思います。でも、一番、重要なことは「とりあえず発信してみる」ということでしょう。

そのために必要なのは、「勇気」とか「技術」なんてことじゃなくて、「とにかくやってみること」だと思っているのです。

それは、「体育館での卒業講演の講師に対して、500人の生徒がいる中で『質問があります』と手を挙げる」なんていう大胆《だいたん》なことではなくても、「親しい友人に昨日見た映画の面白《おもしろ》さをちゃんと伝える」とか「何人かの友人に全員がとりあえず納得《なっとく》する遊びのプランを提案してみる」なんてことでいいのです。

コミュニケイションは技術です。やればやるだけ向上《こうじょう》します。逆に言えば、やらなければ絶対に向上しません。テニスがうまくなりたいと思って、いっぱいテニスのテクニックに関した本を読んで、テニスプレイヤーのインタビューを聞いて、テニスの名試合の映像を見ても、実際にやらなければ、絶対にテニスはうまくなりません。

でも、逆に言えば、実際にやればやるだけ向上します。どんな小さなことでも、実際にやればうまくなるのです。

テニスの試合をしなくても、壁打《かべう》ちをやるだけでも、一人でラケットを持ってテニスボールをポンポンと打ち上げるだけでも、間違いなく少しずつ力はついていくのです。

「自己発信力」もまた同じです。とりあえずやってみる。がんばるとか勇気を出してとか、あんまり真剣に考えないで、とりあえず誰かに向かって話してみる。

そうすれば、やがて、「自己発信力」の技術は向上していくと思います。

それから、アイドル活動をしているハトムギさんへのアドバイスは、「とにかくダンスレッスンと歌レッスンを続けること。できればダンスレッスンは毎日。週1回の休みは必要。歌レッスンは週に1、2回。それから、演技レッスンもやること。演技のワークショップを探して参加するとか、友達と台本を読み合うなんてことをしてみること。台本は、探せば演劇や映画のものが、たくさん本屋さんやネット上にみつかるでしょう」というものです。

ハトムギさんが書くように、「芸能活動は有名になれるとは限らないし、稼げる保証はありません」。ですから、とても不安なものです。ですが、未来が見えないことが不安ではなく、未来が見えないことがワクワクとした希望と感じてもらえたらと思います。

ちょうど、自由時間から1日3回の食事の内容まですべての日程が決まっている旅行ツアーに参加した時の「未来が決まっている物足りなさ」よりも、旅行ケースを一人でゴロゴロと転がしながら、駅の改札や空港の搭乗口《とうじょうぐち》に向かう時の「何が待っているんだろう」とワクワクする気持ちを大切にして欲しいということです。

大丈夫。ハトムギさんにどんなことが起こっても、まだまだ時間はたっぷりあります。人生、なんとかなります。

卒業、おめでとうございます。ハトムギさんの未来にたくさんの出会いとラッキーがありますように。

追記

横浜創英中学・高校の校長だった工藤勇一さんは、二〇二四年三月、事情があって退職なさいました。とても残念に感じます。

相談38

演劇を仕事にするにはどうしたらいいでしょうか

22歳・男性　演劇に支配された理系大学生

私が鴻上さんに相談したいことは、「現代において演劇を仕事にするためにはどうすればいいか」ということです。私は現在、化学系の大学4年生です。大学院修士《しゅうし》課程まで進学することが決まっており、残りの学生生活はあと2年半ほどになっています。自分の大学の友人たちは、修士課程修了後、化学系メーカーなどに就職していくのが一般的で、自分もそのような進路を選択することもできます。

一方で、私には人生単位で熱中していることがあり、それが中学1年生から続けている演劇です。私は熱《ねっ》しやすく冷めやすい性格で、趣味の一つとっても長いスパンで継続しているものが演劇しかないのです。そんな長いこと続けている演劇ですから、卒業後も続けていきたいですし、いっそのこと本業にしたいという思いも強くありま

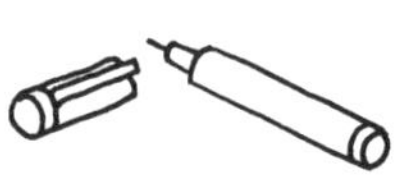

す。役者や裏方《うらかた》も好きなので、その活動も続けるつもりですが、私は特に脚本、演出という作品の根幹《こんかん》に携《たずさ》わることが大好きで、そういった舞台作品に直接関わる事柄《ことがら》を仕事にできたらいいな、という思いがあります。しかし、演劇を仕事にするということは大変なことで、体力も気力も削《けず》られる職業であることは自分も痛感しております。それにもかかわらず、演劇で食べていける確率は砂漠《さばく》から砂金《さきん》を拾い上げるような確率で、多くの人が夢破《やぶ》れていく世界であることを考えると、演劇を仕事にするという決断を下すことを躊躇《ちゅうちょ》してしまう自分がいるのです。「ここまで好きな演劇なのだから、それを仕事にしたい」という自分と、「演劇を今後も続けていくために、大学の友人のように化学系の企業に就職して、そこで稼《かせ》いだお金で芝居《しばい》を続ければいいじゃないか」という葛藤《かっとう》が毎日頭をうごめいています。

もし現在鴻上さんが自分と同じ大学4年生で、演劇をこれから仕事にしようと思ったらどうするのでしょうか。まず何から始めますか。そして、自分は今後どのようにするべきだと思いますか。今の自分と同い《おな》年の時に、『朝日のような夕日をつれて』を書かれたのだと思うと、尊敬の念に堪《た》えません。是非《ぜひ》、率直なご回答をよろしくお願いいたします。

演劇に支配された理系大学生さん。……長い！　名前が長い！　略して、演理さんにしますかね。

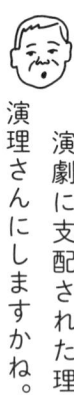

葛藤しているんですね。

いきなりですが、僕の答えはとてもシンプルです。

「演劇を仕事にするという決断を下すことを躊躇してしまう自分がいる」と書かれていますが、躊躇《ためら》うならやめときなさい、です。

躊躇っている人は、本当に好きな人に勝てません。

ダンスを上手《うま》くなろうと思って練習している人は、ダンスが好きで好きでいつも踊っている人には、勝てません。作家になろうとして、脚本の勉強をしている人は、脚本を読むのが好きで好きで、暇《ひま》があると読んでいる人には勝てません。

なによりも、「好き」であることが、その世界で働けるようになる最初の条件だと僕は思っています。

ですから、残酷《ざんこく》なようですが、躊躇った時点で、あまり素敵《すてき》な未来は待ってないと、僕は思います。

でも、これで終わったら、あまりにも不親切だし、乱暴ですね。

ですから、もう少し書きます。

演理さんの悩みは、演劇だけの悩みじゃないですよね。大学時代に、バンドをやっていたり、自主映画を撮っていたり、マンガを描いていたりする学生が、就職の時期にぶつかる悩みですね。

いくら「好き」が第一条件だとしても、未来は誰にも分かりませんからね。夢を実現させるためには、才能とか努力とかガッツなんていう本人の問題と同時に、運とか出会いなんていう、本人がコントロールできないものも重要なファクターになりますからね。

「現在鴻上さんが自分と同じ大学4年生で、演劇をこれから仕事にしようと思ったらどうするのでしょうか。まず何から始めますか」という質問ですが、僕の場合は、ご存知《ぞんじ》かもしれませんが、作・演出が志望だったので、22歳で劇団を旗揚《はたあ》げしました。

一年浪人《ろうにん》して、一年仮面浪人して、20歳の時に演劇サークルに入り、2年間、下働きを続けた後に、ようやく自分が主宰《しゅさい》する劇団を作ったのです。

不安はなかったのかと聞かれたら、とにかく劇団の公演を成功させることに無我夢《むがむ》中《ちゅう》で、不安を感じている暇もなかったというのが正直なところです。

不安に打ち勝つとか、不安に負けなかったではなく、「あんまり忙《いそが》しかったから、不安を感じる時間がなかった」ということです。

演理さんは、脚本・演出をやりたいと書いてますが、大学時代、脚本と演出はやっているのですか？

中学1年から演劇を続けていると書かれていますが、現在までに、何本の芝居を演出し、何本書きましたか？

もし、演出と脚本をやったことがないのなら、とにかく、一本、大学時代にやることをお勧《すす》めします。

もし、何本かやったことがあるのなら、その結果というか手応《てごた》えから、自分が演劇業界でやっていけそうかどうか、分かるんじゃないですか？

劇団が続くには、三つの理由があると、昔、僕はよく言っていました。

「前回公演よりお客さんが増えている」か「公演の決算が黒字になっている」か「それなりに有名なメディアで好意的な劇評がでた」か、です。

僕が不安を感じる間もなく、劇団を続け、結果的にプロになったのは、幸《さいわ》いなことに、この三つのうちどれかが、公演のたびに得られたからです。

残酷なようですが、公演するたびにお客さんが減ったり、赤字で苦しんだ劇団は、やがて解散し、作・演出を担当していた人も、演劇をやめていきました。

みんな、演劇が大好きな人達でした。「好き」は演劇を続ける最初の条件ですが、保証する条件ではないのです。

演理さんは、どうですか？

もし自分の脚本を一本も上演してなくても、書いたりはしていますか？

書いたものがあれば、友達に読んでもらうのです。その反応で、自分が作家としてやっていけるかどうか分かると思います。

また、学生劇団でも、何本か演出したら、自分が演出に向いているかどうか、分かると思います。

葛藤するのが苦しくて、どうしてもはっきりさせたいなら、期間限定で試すというのもあるでしょう。

卒業した後、１年から３年ぐらい、演劇だけをやってみて、それでなんとかなるかどうか判断するのです。

どんな仕事にも向き不向きがありますから、ある程度やれば、なんとなく見えてくるものがあると思います。

その時、周りから「本当に面白《おもしろ》い」とか「演出家の才能あると思うよ」なんて言われたら、人生、賭《か》けてみてもいいかもしれません。

でも、そんな大胆《だいたん》なことをする前に、つまり今のうちに、なんとか時間を見つけて、一年に一回でもいいから、作・演出の作品を上演することをお勧めします。

その結果が、演理さんにいろんなことを教えてくれると思います。

それでも、繰《く》り返しますが、未来は誰にも分かりません。

何が良くて、何が悪かったなんてことは、死ぬ時になっても分からないと僕は思っています。

どっちを選んでも、後悔することはあるし、納得《なっとく》することはあるし、１００％満足することはないんだということだけは、はっきりしていると思います。

演理さん。僕はこんなふうに考えます。

相談39

自閉症《じへいしょう》の息子が通う学校からかかってきた電話のある一言に悩んでいます

40歳・女性　ポン助

こんにちは。小4の自閉症の息子のことで悩んでいます。入学時より支援級に入れておりますが、時々《ときどき》物を投げたり、対人《たいじん》トラブルを起こしてしまいます。その都度《つど》、学校より電話連絡を受け、謝罪し息子に注意指導を行っております。

そして3年生に進級した時にある女性が担任となりました。その年よりトラブルが増え始め、とても困りましたので病院で受診したり、落ち着くための投薬《とうやく》を始め、専門家が学校へ様子を見に来てくれる訪問支援サービスをお願いしたりと手を尽《つ》くしていますが、それでもトラブルを起こすことがあります。そして担任の先生より電話連絡を受ける度《たび》にある言葉を言われるようになりました。

「どうしたらよいですかね？」。この質問に対する答えが分からずに未《いま》だに悩んでい

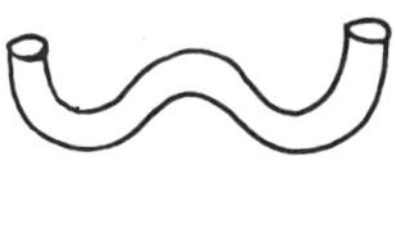

ます。私としてはどうやったらこの問題（トラブル）は解決するのかという風に捉《とら》えています。夫婦共々《ともども》教員ではありませんし、迷惑を掛けてるのは重々承知なのですが、答えづらい質問をされる度に強いストレスを感じ、もう息子を学校へ行かせてはいけないのではと思ってしまいます。

鴻上さんならこの質問に対しどのようにお返事されますか？　よろしくお願いいたします。

…………………………

ポン助さん。大変ですね。３年に進級し、担任が変わってから、トラブルが増え始めたということは、あきらかに先生の問題ですね。

たぶん息子さんは、新たな先生とうまくコミュニケイションが取れず、それで苛立《いらだ》っているのではないでしょうか。

「どうしたらよいですかね？」というのは、残念ですが、この担任の「お手上げ状態」を表す言葉ですね。

自分ではどうしたらいいか分からない、あなたの子供なんだからあなたがなんとかして欲しい、という降参《こうさん》宣言ですね。

特別支援学級を担任することは大変ですが、先生にはいろんなタイプがいます。白旗《しらはた》を簡単に上げる人もいれば、粘《ねば》り強く子供の相手を続ける人もいます。

先日、僕は、川上康則《かわかみやすのり》さんという、ずっと特別支援学校で先生を続けている方と対談しました。川上さんは、何冊も本を出されていて、今は、杉並《すぎなみ》区立済美《せいび》養護学校主任教諭で、特別支援教育士スーパーバイザーです。

川上さんは、「誤解されそうなんですが、強者《つわもの》が来れば来るほど、僕はやるぞっと燃えるんです」と語られました。

強者とは、障害の度合いが強い生徒のことを、愛情を持って川上さんなりに言った言葉です。

教室の椅子《いす》に座らない、しょっちゅう奇声《きせい》を上げる、突然暴れる、なんていう子供達に対して、川上さんは粘り強くはたらきかけます。

川上さんは50歳で、ずっと特別支援を担任してきました。最初の頃は、「数年したら、通常学級の担任になれるから」と、周りの教師から言われたそうです。

30年近く前だと、特別支援を受け持つのは、一段下みたいなイメージがあったのでしょう。

でも、今は違います。川上さんは、誇りと使命感と熱意をもって、特別支援を担任していて、通常学級を担当するつもりはないと断言されていました。

特別支援学級で、大変なことが起こるたびに、川上さんは、ひとつひとつ、どうやったらいいかを試行錯誤《しこうさくご》してきました。

川上さんは、どんな子供にも理由があると仰《おっしゃ》います。突然暴れたり、突然奇声を上げたりするのは、それぞれに理由があってやっている。それが、周りから見えないだけで、粘り強く接していけば、どうしてそうしたかが見えてくる。

理由が分かれば、対処の方法も考えられると、川上さんは言うのです。

本当に頭が下がる言葉です。

でも、川上さんがそうしているのは、川上さんが教師だからです。受け持った子供に対して、ベストの状態を考え、対応することが教師の仕事だと思っているからです。

そう考えると、息子さんの担任の「どうしたらよいですかね？」は、担任としての言葉ではないと感じます。

これは、傍観《ぼうかん》する第三者の言葉ですね。

「鴻上さんならこの質問に対しどのようにお返事されますか？」ということですが、

僕なら、悲痛《ひつう》な声で「どうしたらよいか、悲しいですが私達は分かりません。でも、なんとかしようといろんな試行錯誤《しこうさくご》を続けています。先生も一緒《いっしょ》に試行錯誤をしていただけないでしょうか？」と言います。

大切なのは、「悲痛な声」です。

言葉自体を強く言えば、抗議に取られると思います。

白旗を上げた人は、抗議に敏感です。私はなにも悪くない、私のせいにしようとしていると身構《みがま》え、反発してしまいます。

ですから、悲痛な声が重要なのです。

でもそれは、ポン助さんの「迷惑を掛けてるのは重々承知なのですが」という言葉とは違います。

感謝することは大切だと思いますが、卑下《ひげ》したり、過剰《かじょう》に申し訳ないと思う必要はないと思います。だって、息子さんのような子供のために、特別支援学級が設けられたのです。そこで学ぶのは、子供の権利であって、特別に許された慈悲《じひ》とか、申し訳ない迷惑ではないのです。

ポン助さん。とりあえず、担任に悲痛な声でこう伝えてみませんか。そして、反応をみるのはどうですか？

　ポン助さん。もし、まったく担任の態度に変化がなかったとしたら、他の学校に移るとか、担任を変えてもらうという可能性はありませんか？

　3年と4年、息子さんは同じ担任なんですよね。5年生もまた同じ担任になったのでは息子さんとポン助さんが大変すぎると思います。

　学校や担任を変えられるかどうか、その可能性を追求してみる意味はあると僕は思います。

　ポン助さん。どうですか？

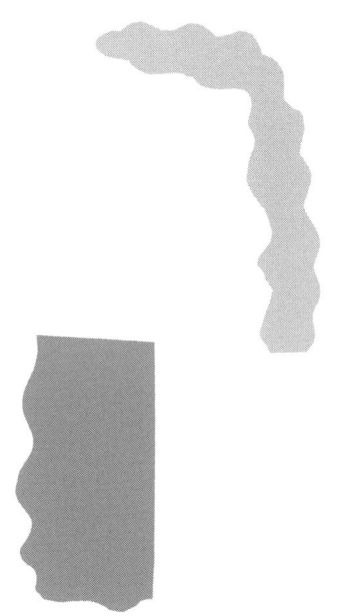

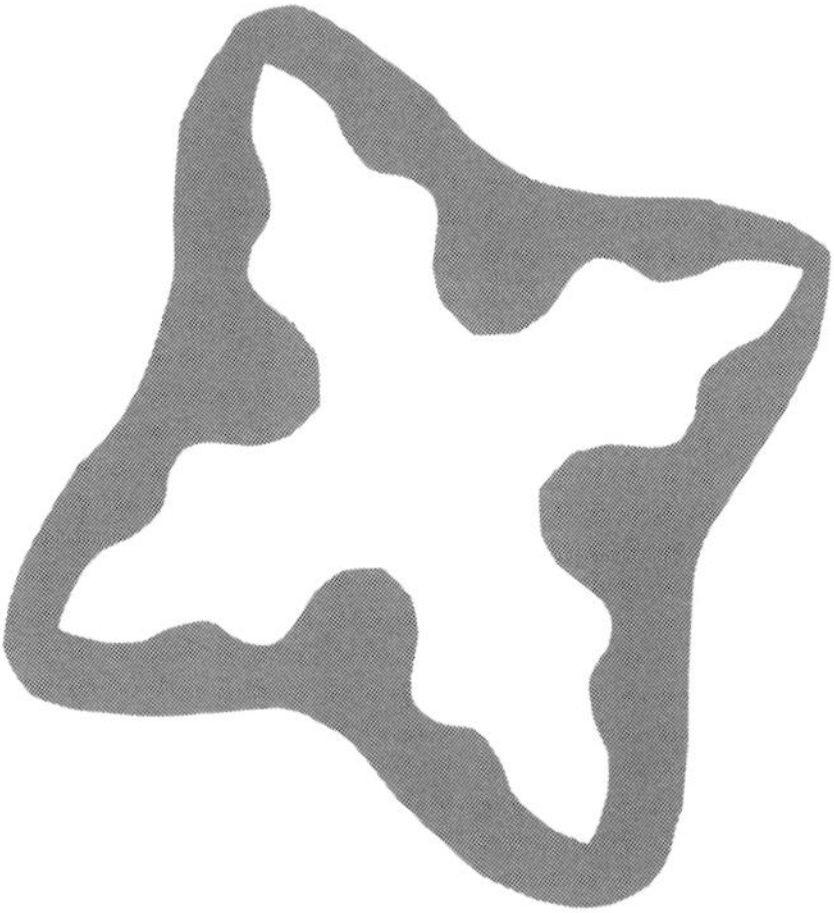

あとがきにかえて

僕が演劇の演出家だから、『ほがらか人生相談』が受け入れられたんじゃないかと、何回も書いてきました。

明日も公演がある俳優やスタッフに、何十年間も、「実行可能で具体的で小さなアドバイス」をずっと続けてきたから、『ほがらか人生相談』でも、そういう回答ができたということです。

じつは、演出家をやっていて、マイナス面もあると思っています。

それは、相手に自動的に共感してしまうことです。

演出家は、俳優に感情移入《いにゅう》し、物語の登場人物に共感し、機嫌《きげん》の悪いベテランスタッフや顔色の悪い若手スタッフのコンディションを想像します。

笑顔だけど全身からは拒否を感じるとか、冷静な顔をしているけどものすごい混乱の気配がする、なんてことを理屈を超えて、具体的に全身で感じます。いえ、感じようとします。人は、本当のことを言うとは限らないので、演出家としては、言葉を超えた感覚を探《さぐ》り、共感しようとするのです。

その作業を何十年も続けたことで、自動的に相手に共感する回路ができあがりました。

俳優やスタッフに共感し、寄り添うことは、いってみれば仕事ですから、大変ですけど、当り前のことです。

でも、自分とは何の関係もない人にも、うかうかしていると共感してしまうのです。

例《たと》えば、電車の中で、ブツブツとつぶやきながら、時々、「ばかやろう!」とか「ちくしょう!」なんて叫《さけ》んでいる人にも、気がつくと共感していて「大変だなあ。大丈夫かなあ。つらいよなあ」と思ってしまうのです。

これは、はっきり言って大変です。ものすごく疲れます。

だって、出会った人にいちいち共感していては、身も心もズタズタになります。

僕がよく言う「シンパシー」と「エンパシー」で言うと、これは、「エンパシー」の一部分、相手の感情に共感する能力です。

でも、これでは、不十分だと思ったから、「エンパシー」を「共感力」ではなく、「相手の立場に立てる能力」としたのです。つまり、必ずしも共感する必要はないと考えました。

相手に共感しなくても、「どうしてこんなことをしたのだろう？」と考えられる能力を「エンパシー」と考えたのです。

でも、演出家としては、うかうかしていると共感してしまいそうになるので、体力も時間も縁《えん》もない場合は、とにかくその場を去ろうとします。

「恋愛を前にした時、ただひとつの勇気は、逃げ出すことである」と言ったのは、ナポレオンですが、関係があるかどうかは分かりません。

でも、気がつくと、共感していたりします。

相手に1ミリも共感しないで、ニヤニヤと笑いながら論破《ろんぱ》していく人をみると、すごいなあと思います。そうなりたいとは、1ミリも思いませんが、どうしてできるんだろうと驚きます。

で、簡単に共感してしまう体質の僕は、人生相談をすることに向いていたのだなあと気付いたのです。

よかったかどうかは本当に分かりません。だって、道を歩いていて、泣きそうな顔の小学生に会ってしまうと、全身で「どうしたあ！　何があったあ！」と共感が始まるのです。大変なのです。

さて、『ほがらか人生相談』シリーズも、この本でなんと6冊目になりました。

こんなにたくさん、長い間、「人生相談」を続けていると、「鴻上さんは、悩みはないんですか？」なんて聞かれたりします。

「すぐに共感してしまう」ということ以外に、もちろん、悩みはあります。

ただ、僕がいつも言っていることですが「悩むこと」と「考えること」を区別して、なるべく悩まないで、考えるようにしています。

「どんな悩みなんですか？」なんて、単刀直入《たんとうちょくにゅう》に聞かれることもあります。

まあ、具体的な仕事の悩みというか問題の場合は、言ってしまうと関係各所に影響してしまう可能性が高いので、なかなか、公《おおやけ》にはできません。

プライベートな問題でも、「へえ、そんなことですか」なんて、驚かれたり同情されたり引かれたりするので、なかなか言えません。

やっぱり、この場合は、匿名《とくめい》で相談するというのが重要なんだなあと思います。ネットでは匿名が問題になることが多いですが、相談は、匿名だからできる、ということが大きいのでしょう。

なまじ身近《みぢか》な人だと、相談しにくいというのはあるのでしょう。

雑誌やネットの人生相談というのは、だから長年続いているんだなあと思います。

ただまあ、本当に重要な問題の場合は、恥《はじ》をしのんで、「頼れる身近な人」に話す必要があると思います。

「頼れる身近な人」がいない場合は、カウンセラーとか専門の相談員を訪ねるのも、大切なことです。

人に話そうとすると、嫌《いや》でも問題を整理する必要が出てきますからね。

そういう意味では、「頼れるかどうか分からないけれど、とりあえずの人」にでも、話すのは重要なことだと思います。

で、「鴻上さんの悩みのうちで、話せるものはなんですか?」なんていう、「どうしても人の悩みを知りたいのね」という質問を受けたこともあります。

それでいうと、ひとつ、あります。

この本を買って、今、読んでくれているあなたは素晴《すば》らしいです。

が、この『ほがらか人生相談』シリーズは、予想を裏切って、売れてないのです！

重版《じゅうはん》という、初版を売り切って二刷になったのは、今のところ、最初の一冊目『ほがらか人生相談』だけです！　わはははははっ！　どうだあ！　もう笑うしかないぞお！

それ以降の4冊は、初版のままなのです！

びっくりすることに、僕の本で、重版がかかってないのは、現時点で、この『ほがらか人生相談』の4冊だけなのです！！！！！

と、！マークを5つも使って書いているのには、もちろん理由があります。

ネットでは、自分で言うのもなんですが、新たな相談を発表するたびに、バズります。記事の閲覧総数が2000万を超えたなんて、すごい知らせも受け取りました。

なのに、本は売れないのです。

で、これも理由はなんとなく分かります。

ネットには、『ほがらか人生相談』の相談を削除《さくじょ》しないまま、たくさん残しているからだと思います。

もし、新たな相談をネットにアップした後、一週間とか一ヶ月で全部削除していけば、もう少しは売れたんじゃないかと思います。

でも、僕は編集者さんに頼んで、重要な相談を残してもらうことにしています。

重要というのは、「同じような問題に苦しんでいる人が多い相談」や「多くの人が出会うかもしれない相談」や「僕自身が多くの人に伝えたい相談」などです。

毎回、少しずつ残していくうちに、6年以上たって、たくさんの相談がネットに集まりました。

ぶっちゃけて言うと、この相談をずっと読んでいるだけで、一日が終わります。

この前、X（旧ツイッター）で、「鴻上さんの人生相談を一日中、読みふけった。ためになった」と書いてあったので、「おっ、本を買ってくれたのかな」と思って続きを読むと、「これだけの相談が、タダで読めるんだから、ネットはいい面もあるね」と書かれていて、ずっこけ半分、よかったね半分の気持ちになりました。

たしかに、今、問題を抱《かか》えていて、どうしたらいいか分からず、ネットで検索して、僕の『ほがらか人生相談』と出会って、それで少しは事態が改善されることがあるなら、作家としては、こんなに本望《ほんもう》なことはありません。

書いたかいがあった、答えたかいがあった、ネットに残したかいがあったというものです。

それはなによりも嬉《うれ》しいことです。

で、本が売れないのです。

この「で」という、なんだかよく分からない接続詞で、現状を説明するしかないのですが、つまりは、この本を買って、今、読んでいるあなたは素晴らしい！！！！！！マーク、6つ、感動しました。

素晴らしいだけではなく、本を買うことのメリットはもちろんあると思います。

それは僕に印税《いんぜい》が入る、ということではなく（いえ、僕にとってはそれはメリットですが）、気になった相談を繰《く》り返し、簡単に読める、ということです。

今回も、忘れがたい相談をたくさんもらいました。

僕は、相談26の「母が入院しただけで寂《さび》しくてたまらない私は母が亡《な》くなったら気が狂いそうです」という文章を読むだけで、なんというか、切《せつ》なくてたまらなくなります。

この相談自体で、ひとつの短編小説に接した気持ちになります。相談者の星月夜さんの人生を思い、僕自身の亡くなった母を思い、泣きそうな気持ちになるのです。

また、相談15の「病院を継《つ》ぐために勉強ばかりさせられました。いつもどこか空《から》っぽで孤独です」のチョココさんは、今どうしているだろうかと思います。回答した後、連絡はなかったので、結局、無理をして家業を継いだのか、それとも海外にジャンプしたのか分かりません。返信がないということは、家業の病院を継いだのかもしれません。

相談6の「知的障害の子供たちを育てながら、何処《どこ》に行っても他の子との差を見せつけられます」のチロルさんは、少しは楽《らく》になったのだろうかと思います。

どうか楽になってほしいと心底《しんそこ》、思います。

相談7の「元女性の性同一性《せいどういっせい》障害（ＦＴＭ）ですが、子を望むようになった彼女に別れを告げられました」のむぎさんは、苦しい恋をようやく忘れ、新しい恋にめぐり合えたのだろうかと思います。そうであって欲しいと祈ります。

忘れがたい相談がまだまだ、山ほどあります。

本を買うと、たくさんの相談と繰り返し、出会うことができます。

そして、いろんなことを考えます。それは、読者のあなたにとって、ムダなことではないんじゃないかと願います。

もう一度言います。本を買ってくれて、本当にありがとうございました。僕は今、あなたに全身で共感しています。

まだまだ、『ほがらか人生相談』は続きます。

それでは、また。

鴻上尚史

＊本書は月刊誌「一冊の本」
およびニュースサイト「AERA dot.」に
2022年5月～23年4月まで掲載された
同名タイトルの連載を一部修正し、
新規原稿を加えたものです。

イラストレーション
佐々木一澄
ブックデザイン
鈴木成一デザイン室＋宮本亜由美
校閲
若杉穂高
編集
内山美加子

鴻上尚史

（こうかみ・しょうじ）

作家・演出家。1958年、愛媛県生まれ。早稲田大学卒。在学中に劇団「第三舞台」を旗揚げ。95年「スナフキンの手紙」で岸田國士戯曲賞受賞、2010年「グローブ・ジャングル」で読売文学賞戯曲・シナリオ賞受賞。ベストセラーに『「空気」と「世間」』、『不死身の特攻兵〜軍神はなぜ上官に反抗したか』（共に講談社現代新書）、また、『何とかならない時代の幸福論』（ブレイディみかこさんとの共著／朝日新聞出版）、『君はどう生きるか』（講談社）などがある。X（@KOKAMIShoji）も随時更新中。ニュースサイト「AERA dot.」で『鴻上尚史のほがらか人生相談〜息苦しい「世間」を楽に生きる処方箋』を連載中。

鴻上尚史《こうかみしょうじ》の
具体的《ぐたいてき》で実行可能《じっこうかのう》！な ほがらか人生相談《じんせいそうだん》
息苦《いきぐる》しい「世間《せけん》」を楽《らく》に生《い》きる処方箋《しょほうせん》

2025年2月28日　第1刷発行

著者
鴻上尚史

発行者
宇都宮健太朗

発行所
朝日新聞出版
〒104-8011 東京都中央区築地5-3-2
電話 03-5541-8832（編集） 03-5540-7793（販売）

印刷製本
中央精版印刷株式会社

Published in Japan by Asahi Shimbun Publications Inc.
ISBN978-4-02-252021-0
定価はカバーに表示してあります。

落丁・乱丁の場合は弊社業務部（電話03-5540-7800）へご連絡ください。
送料弊社負担にてお取り替えいたします。